교양영어 고급지문 I

교양영어 고급지문 I

초판 1쇄 발행	|	2020년 1월 1일
3쇄 발행	|	2022년 4월 1일

편 저 자	|	김정호 (Tommy Kim)
펴 낸 곳	|	(주)바른영어사
주　　소	|	경기도 성남시 분당구 느티로 16, 907호
등록번호	|	제2020-000136호
대표전화	|	(02)817-8088 | 팩 스 (031)718-0580
홈페이지	|	www.properenglish.co.kr
감　　수	|	N.Buchan
인　　쇄	|	필커뮤니케이션

이 책의 무단 전재 또는 복제행위는 저작권법 제97조의5에 의거, 5년 이하의 징역 또는 5,000만원의 벌금에 처하거나 이를 병과할 수 있습니다.

ISBN : 979-11-85719-26-9
정가 18,900원

· 이 책에 실린 모든 내용에 대한 저작권은 바른영어사에 있으므로 함부로 복사·복제할 경우 형사 처벌을 받습니다.
· 파본은 교환, 환불해 드립니다.

· 이 도서의 국립중앙도서관 출판예정도서목록(CIP)은 서지정보유통지원시스템 홈페이지 (http://seoji.nl.go.kr)와 국가자료종합목록 구축시스템 (http://kolis-net.nl.go.kr)에서 이용하실 수 있습니다.
　(CIP제어번호 : CIP2019043723)

바른영어훈련소
타미샘 원서 독해 시리즈 ❶

**고급 구문 구조
내 것으로 만들기**

교양영어 고급지문 I

100 *the original*

- 교양있는 원어민들이 읽는 책에서 발췌
- 각종 시험에 출제되는 영어 지문의 주요 출처
- 문어체의 우수 구조 연습 제공
- 시리즈로 이어집니다

MP3 듣기
파일 제공

머리말

책이라는 것, 혹은 문서나 글이라는 것은 도무지 끝이 없을 것 같은 양으로 세상에 존재합니다. 다시 말하면, 인간의 지혜나 성찰에 대한 기록은 한 사람이 태어나 죽을때까지 읽어도 도무지 그 만분의 일이라도 공감했을까 하는 의구심이 남을 정도입니다. 우리의 모국어로 된 지식과 지혜의 기록들도 넘치고 넘칠 정도로 존재합니다. 재외동포까지 합쳐서 한글로 의사소통을 하는 사람들은 약 8천 만 명 정도로 볼 수 있습니다. 과거의 기록들과 함께 현재 한국어로 만들어지는 정보의 양도 어마어마할 수 있습니다. 언젠가 한국어가 국제적 지위를 크게 얻는다면, 그 위상이 달라질 날도 오지 않을까 하는 즐거운 상상을 해 봅니다.

그러면, 영어는 과연 어떨까요. 북미 2개국, 유럽 2개국, 오세아니아 2개국은 영어를 모국어로 사용합니다. 그 밖에 아프리카, 아시아, 인도 등지에서도 영어를 준 모국어로 사용하는 국가들이 많습니다. 한 단계 더 내려와서 영어를 의사소통 언어로 취급하는 국가들을 망라하면, 우리나라를 포함하는 약 100 개 국가가 존재합니다. 사용자수의 관점에서 보면, 모국어 및 적극적 사용계층이 약 7억, 소극적 사용 인구까지 합치면 약 10억이 영어를 정보 소통의 직, 간접적 수단으로 삼고 있습니다.

단순 사용자 수의 관점에서 보면 중국어, 스페인어도 무시할 수 없지만 이들 국가의 언어는 국제공용어로 취급되지 않습니다. 세계사의 흐름에서 국제적 영향력을 얻을 기회를 얻지 못한 것입니다. 게다가 중국어는 실제로 지역별 변화편차가 굉장히 커서 하나의 중국어로 전체 중국 지역을 아우르는 것이 매우 어렵다고 평가됩니다.

영어가 한국인의 소통수단에서 명실 공히 제 2 모국어의 수준까지 자리 잡기에는 아직도 의견의 통일 및 제도적 보완이라는 문제가 존재합니다. 그래서 작금에도 우리의 생활에서 영어, 영어교육, 영어시험, 생활영어, 입시영어, 공무원영어, 편입영어, 유학영어, 이민영어, 입국심사영어, 관광영어, 등등을 포함한 수많은 영어 관련 키워드 들이 검색대상에 오르고 있습니다.

간단한 의사소통용 영어는 사실, 공개된 소스를 통해서 얼마든지 습득이 가능하고 노력 여하에 따라서 그 수준을 꽤 끌어 올릴 수 있습니다. 그런데 영어에 대한 정밀한 지식이 필요한 수준 높은 지적 기록물들은, 매우 진지한 노력이 없이는 그저 외계어(?)일 뿐입니다. 여러분들이 영상매체에서 얻은 몇 마디 표현들을 쓰고 이해한다해도, 어쩌면, 만 개의 감정코드와 십 만 개의 지식코드가 필요한 기록들을 저작자와 같은 수준으로 이해하고 그 수확물을 같은 정도의 기쁨으로 공유하기 위해서는 결단코, 글 읽기를 무시해서는 안 됩니다.

영어로 된 글을 읽을 때, 우리는 영어라는 언어 자체는 배제하고 일단 내용에 치중하는 경향이 있습니다. 그래서 늘 뒤의 해석판이나 번역본을 먼저 보고 내용을 요약한 후 영어자체는 이제 뒤로 미루어 놓기도 합니다. 이런 일반인들의 지적 나태나 한계를 이용해서 태어난 것이 번역활동입니다. 전문 번역가들이 한국어로 가장 알기 쉽게 영문을 옮겨 놓으면 여러분은 그저 숟가락 젓가락을 들고 그것을 음미하는 것입니다. 그런데 이제, 세상은 바뀌고 있습니다. 번역이라는 간접적 과정을 기다려서 정보를 얻어야만 한다면, 여러분은 지적 경쟁에서 결국 뒤처지게 되고 스스로도 한계에 갇히고 말 것입니다.

또 하나, 존재하는 영문의 한국판 번역서들이 가진 맹점이 여러분을 오도할 가능성도 있습니다. 번역은 만인이 보아도 동일하게 이해되도록 의미를 객관화해야 합니다. 그러다보니 필연적으로 의역을 많이 사용하게 됩니다. 예를 들어, "Even Homer sometimes nods." 라는 글을 한국어로 번역한다면 누군가는 "때때로 호머도 조느라고 고개를 끄덕인다." 라고 할 수 있습니다. 그런데 이것은, 한국어 사용자 만인이 동일한 이해의 정도와 속도를 갖게 되는 번역이 아닐 것입니다. 또 다른 번역자가 "원숭이도 나무에서 떨어질 때도 있다." 라고 의역을 한다면 아마 금방 이해가 될 것입니다. 그렇다면 후자가 이상적인 번역일까요? 그렇지 않습니다. 문화권에 따른 배경지식을 깡그리 무시하고 최종적인 의도만을 전달하려 한다면 후자의 번역이 더 나을 수도 있습니다. 그러나, 이렇게 의역으로만 글을 읽은 사람은 영어에서 Homer 와 관련된 정보를 하나도 얻지 못한 채 그저 남들이 떠먹여 주는 밥을 먹었을 뿐입니다.

호머(Homer)는 호메로스(Homeros)의 영어식 표기입니다. 이 사람은 서양문화의 근간을 이루고 있는 두 문학작품, 일리아스(Ilias)와 오딧세이아(Odysseia)의 저자로 추정되는 그리스 인물입니다. 일리아스는 트로이 전쟁을 다룬, 1만 6천 행으로 이루어진 방대한 지적유산(intellectual legacy)입니다. 그것을 만약 구송시인 즉, 리라(lyre)라는 악기에 의존하여 노래의 형태로 시를 읊는 사람이 부른다면 상상할 수 없을 정도의 뛰어난 기억력이 있어야 할 것입니다. 여러분 자신이 가사를 완벽히 암기하고 있는 노래가 몇 곡 정도 되며 그 가사의 총 길이가 얼마나 되는지 가늠해 보면, 이 엄청난 업적을 이루어 낸 사람이 과연 어떤 인물이었을까 상상이 되실 것입니다.

여기서, '고개를 끄덕이다' 에 해당하는 'nod' 는 학자나 성실한 사람이 졸면서 고개를 끄덕인다 라는 의미로 사용되었고 보통 불성실한 사람들이 연구나 공부를 할 때 그 상징으로 사용되는 말이었습니다. 위의 영어 문장을 만약 '심지어 호머같은 위대한 학자시인도 때로 고개를 끄덕이며 존다' 라고 번역하고 그 아래 호머에 대한 역주를 달았으면, 그것이 이상적인 번역문들 중 하나일 수 있을 것입니다.

우리는 단순한 번역서를 읽는 것을 목적으로 하지 않습니다. 저는, 여러분이 이 책을 통해서, 영어의 각 문장들이 한국어의 어떤 내용과 구조로 이해되는 것이 가장 합당한가에 대한 비교분석을 하고 그 결과로서, 이 책에 담긴 내용이상의 소득을 얻기 바랍니다. 번역은 객관화의 과정이지만 해석은 지극히 개인적이고 주관적 경험입니다. 그 경계선인 의역과 직역의 접합점이 무너지지 않으려면 늘 절묘한 균형이 필요합니다. 그것은 어휘와, 지식, 그리고 표현 능력을 모두 고도로 요구하는 과업입니다.

여러분 스스로의 번역서를 새로 만들고 고급지문의 표현방식을 내 것으로 소화하기 바랍니다. 저는, 여러분의 노력이 그에 합당한 결과와 지적 경쟁력을 가져다주길, 바랍니다.

김정호 씀.

이 책의 활용법

제목과 핵심 키워드로 지문 미리보기!

각종 시험에 정답으로 출제될만한(심지어 출제됐었던) 지문의 제목과 핵심 키워드를 먼저 확인하세요! 제목과 핵심 키워드를 알면, 더 올바른 해석을 할 수 있습니다. 특히 본 도서에 나온 키워드와 제목은 각종 영어 시험에 '소재'로써 빈번하게 출제되니, 꼭 기억하세요!

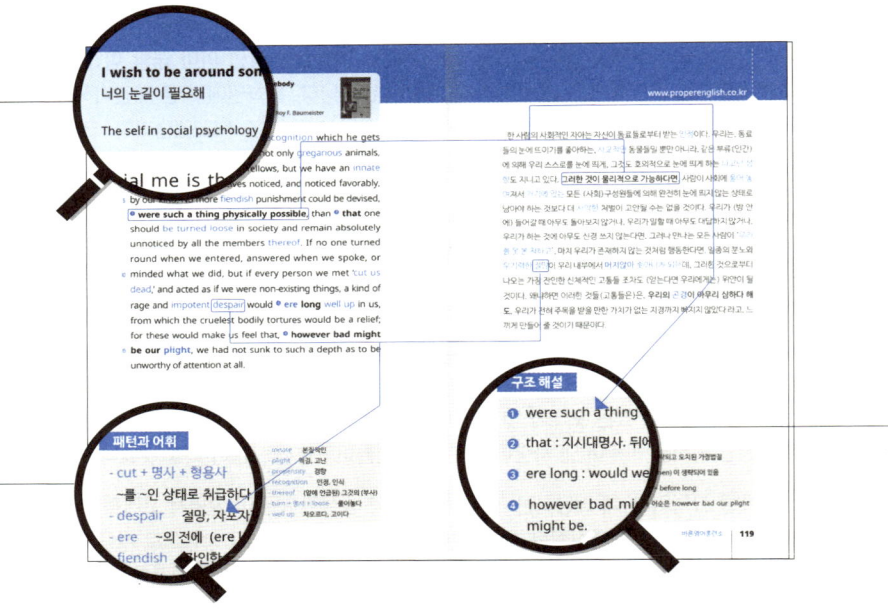

패턴과 어휘는 필수!

독해를 하다가 파란색 어휘가 나온다면, 잠시 멈춰서 아래쪽 [패턴과 어휘]에 집중해 주세요!
꼭 알고 넘어가야할, 어렵거나 중요한 패턴과 어휘를 설명 하였습니다.
영어지문에 표시된 어휘 및 패턴은, 한글지문의 해석 부분에도 파란색으로 표시 되어있습니다. 파란색 어휘를 따라가다보면, 해석이 더 쉽고 빨라집니다.

어려운 문장구조도 명쾌하게!

독해를 하다가 굵은 글씨가 나온다면, 집중하세요!
어렵거나 자칫하면 혼동되기 쉬운 문장 구조입니다!
이러한 어려운 구조에 대한 힌트는 오른쪽 [구조 해설] 파트에 간략히 설명되어 있습니다. 책에 있는 간략한 설명으로 이해하기 힘들다면, 반드시 [바른영어훈련소]에서 해당 부분의 강의를 들어주세요! 완벽한 해설을 하고 있습니다.
영어지문에 표시된 [구조 해설]의 굵은 글씨 문장은, 한글 지문의 해석 부분에도 굵은 글씨로 표시되었습니다. 올바른 해석의 이정표가 될 것입니다.

학습 전에 미리 알면 쉬워지는
원서독해 팁

❗ 긴 문장에 당황하지 말고, 콤마(쉼표)에 유의하며 읽어 보세요!

한글과 마찬가지로 영어에서도 콤마(쉼표)는 "의미 단위를 나누는" 중요한 역할을 합니다. 콤마는 우리가 일반적으로 알고 있는 "나열" 기능 뿐만 아니라, 문장 내에서 새로운 "절"이 등장하거나, "부가적인 정보" 등이 나올 때도 사용되기 때문에, "이정표" 역할을 합니다. 따라서, 콤마가 나오면 긴장을 풀고 쉬어가며 읽을 것을 권고합니다.

❶ 본 도서에서는 한글과 영어 지문을 비교하며 해석하기 쉽도록, 영어 지문의 콤마(쉼표)를 대부분 살리기 위하여 노력하였습니다. 새로운 "절" 등이 등장하는 경우 먼저 콤마에 의해 나누어진 부분을 의식하면서 해석을 따라해 보세요.

   콤마 등장 (새로운 절 시작)
예제 The Buddha statue may seem very impressive to you, but if your son seems to be more interested in the vendor of sticky drinks, don't think the trip is a failure and your little philistine would have been better at home.
   콤마 등장 (새로운 절 시작)
➡ 불상이 당신에게 아주 인상적으로 보일지도 모르지만, 만약 당신의 아들이 끈적거리는 음료를 파는 행상에게 더 관심이 있는 것 같다 해도, 그 여행이 실패한 것이고 당신의 어린 철부지가 집에 있는 편이 나았을 것이라고 생각하지 마세요.
   콤마 등장 (새로운 절 시작)

❷ 본 도서에서는 '분사구문', '삽입구', '삽입절' 등 해석을 할 때, 순서가 뒤바뀔 수 있는 부분에서 한글 해석지에 콤마를 추가로 사용하였습니다.

   분사구문의 등장 시 사용된 콤마
예제 When parents watch TV with their young children, explaining new words and ideas to them, the children comprehend far more than they would if they were watching alone.
   새로운 절 등장 시 사용된 콤마

   한글 해석에 추가된 콤마   영어 지문순서와 다르게 앞으로 이동된 해석
➡ 부모가, 새로운 말이나 개념들을 아이들에게 설명하면서, 어린 아이들과 텔레비전을 시청할 때, 그 아이들은, 혼자서 시청하게 될 때 이해하는 것보다, 훨씬 더 많이 이해한다.
   새로운 절 등장 시 사용된 콤마   영어 지문순서와 다르게 앞으로 이동된 해석   한글 해석에 추가된 콤마

❗ 콜론(:), 세미콜론(;), 엠 대쉬(—)

콜론, 세미콜론, 엠 대쉬 등이 나오면 해석할 때 어려움을 겪는 경우가 있습니다. 그러나 너무 걱정하지 마세요. 이런 부호들이 나오면 그 뒤에 오는 정보는 앞 문장의 예시, 부연, 결론을 의미하는 것입니다. 참고하세요.

❗ 이정표 활용하기!

영어 지문과 한글 지문을 비교하면서 학습하다 보면, 간혹 어디까지 끊어 읽고, 어디까지 하나의 의미단위로 해석해야 할지 혼동되는 경우가 있습니다. 먼저 제시된 방법들 외에도 '파란색 글씨' 나 '굵은 글씨'로 표기된 '패턴과 어휘', '구조 해설' 부분을 이정표 삼아 대조하면서 해석한다면, 정확한 해석을 찾아볼 수 있습니다.

목차

- 머리말 … 004
- 이 책의 활용법 & 원서독해 팁 … 006
- 목차 … 008

001	국제결혼, 사랑만으로 해결? | Challenges for the intercultural couple	014
002	주기만 하는 사랑이 양육의 본질인가? | Why keep giving what they don't need	016
003	신문지면 편집이 이리도 어려운 것인가? | Please lay out properly	018
004	부모는 부처님 조각상, 아이들은 달달한 음료 | Your trip hasn't failed	020
005	풀밭과 포식자는 공생관계 | Predators need green grass	022
006	실패는 성공의 어머니 맞습니다 | The more failures, the harder you'll be	026
007	이거 시험에 나오나요? | Remove perceived limits	028
008	우리는 언제, 어디서 헤어진 걸까? | The molecular clock would tell you	030
009	성인용, 아이들용 구별하지 마세요 | Not for children alone	032
010	기만하는 언어에 능한 정치인들과 광고인들 | What is card stacking	034
011	마음은 청춘 | Timeless Minds	038
012	한 잔의 산삼음료가 해결하지 않는다 | One cup of elixir won't do	040
013	유전이냐, 환경이냐 | Behavior genetics tells	050
014	비밀번호를 따로 관리하세요 | I forgot my password	052
015	보여줄 옷은 있어도 나눌 이야기가 없어 | Have you prepared the prop?	054
016	마이클 샌더스 식 토론 가이드 법 | Would you stand at the center?	056
017	갈등으로 더 좋아지는 관계 | Conflicts can strenthen a relationship	058
018	창의적 의견과 창의적 칭찬 | Fun people can give fun awards	060
019	외상환자의 치료에 앞서서 | See medical history of the injured	062
020	저는 장점이란 없는 사람인가요 | Do not find faults only	064
021	A.C. Clarke 이 보여주었던 A. I. | HAL 9000	066
022	피드백은 승자들의 아침식사 | Be open and accepting	068
023	더 이상 빚지지 마세요 | Other obligations at this time?	070

024	희망이 모든 것을 가능케 합니다	Hope has healing power	072
025	마음 가는대로 적어보세요	Writing in a state of constant vigilance	076
026	남 탓으로 점철된 인생	You did what you did wrong	078
027	정권의 지팡이가 아니라 시민의 지팡이	Assisting citizens is key role	080
028	인간적 교감이 친구를 만듭니다	Make more personal touches	084
029	부유한 자의 후손이었다면 가능했겠는가	When things come too easily	086
030	사랑과 인내가 만든 기적	You must have a hidden talent	092
031	호주, 가본 적도 없습니다	Outback, I've never been there	098
032	유전자 조작 약품의 위험성	It is genetically engineered	100
033	견과를 두려워 마세요	It does more good than harm	102
034	이건 비교해야 해	We sometimes need comparisons	104
035	믿고 싶은 것만 믿게 되네요	Sorry, I wanted to look consistent	106
036	정말로 내 확신이 올바른 것인가	Why don't you challenge your belief	108
037	불행이 없는 인생을 믿는 바보	Yes, it is also a part of life	110
038	분노를 조절할 수가 없었어요	I was just steamed up	112
039	세금, 제대로 사용하면 용서할게	It is from our pocket, not your money	114
040	번뜩임은 집중에서 나온다	Concentration saves time and energy	116
041	너의 눈길이 필요해	I wish to be around somebody	118
042	단백질 섭취 게을리 마세요	At least 3 eggs a day	120
043	둥지를 떠나면 너무 슬퍼	When it is empty, are you fine?	122
044	자동차를 소유할 자격	What owning a car means	124
045	콩밥은 돈 주고서라도 먹는 것입니다	Beans keep away insulin injections	126
046	떠나거나, 적응하거나, 죽거나	Adapt yourself or die	128
047	대조효과란?	It has turned into a big bargain	132
048	세뇌는 기억까지 조작합니다	Once brainwashed, always ill	136
049	이유를 알게되면 지갑을 열겠다	I will pay if I know the reason	138

목차

050	즐겨라, 그러면 탁월해지리라 | Why sometimes say they'll enjoy it	142
051	오리가 독수리 학교에 입학하면 | Fly high, then you are an eagle	144
052	그 돈이 그 돈은 아닙니다 | After all, the money is the money	146
053	탐 크루즈에게만 주어지는 특권이 아니랍니다 | Should you choose to accept it	150
054	겉모습으로 판단하지 마세요 | Do not judge a book by its cover	154
055	한계이익 | Marginal decision making	158
056	기회비용 | Think of the lowest opportunity cost	160
057	내장지방, 복부비만 경계하세요 | It is not beer belly, it's fat belly	162
058	아기도 공감능력 있습니다 | I can cry when mom cries	164
059	지렁이, 징그럽기만 한 걸까 | They look gross but do great	166
060	말로써 기분을 푼다는 것 | Well put words can save your life	168
061	김밥천국은 김밥만 팔아주세요 | What if we serve every kind of food	172
062	가축화되고 나면 | Bred here, I am not a tiger any more	174
063	악마도 과학자가 될 수 있어요 | If in the hands of a demon	178
064	운전하면서, 신문보면서, 면도하면서 | Multitasking gets you nowhere	182
065	늘 새로울 수 만은 없습니다 | We can't help being just used to it	184
066	시간만이 진화의 결과를 알고 있다 | Time flies but human beings don't	188
067	그 기능들, 실제로 다 쓸 수 있나요 | You just can't use 10 % of it	190
068	한 달에 반도 못 온답니다 | Wow, so cheap for a whole year use?	192
069	당장, 하나씩 처리하세요 | Done one at a time is the answer	194
070	세뇌용 구호의 실체 | Are you a big fan of those big words?	196
071	이젠 네가 싫어졌어 | The love light in your eyes is gone	198
072	다른 것들 속에서 사는 즐거움 | OMG, everyone is agent Smith!	200
073	꼭 죽여야 하나요? | Do we have to kill to eat?	202
074	별들에게 물어보세요 | Influence or Influenza?	204
075	물을 얻기 위해서라면 | Water is all that matters	206

076	관광객이 주는 문화충격	We don't do things here the way	210
077	수막의 형성과정	Known as dropwise condensation	212
078	가언적 명령, 정언적 명령	They apply moral duties only in others	214
079	내 말이 우승하는 이유는 내가 돈을 걸었으니까	My horse will surely win?	216
080	그냥 고맙다고 하세요	Just accept the small kindness	218
081	나는 엉망으로 살았는데...	Can I be a leader when I don't lead?	220
082	친환경 건축으로 지구를 살려요	Are we brave enough to keep nature	222
083	위선적 도덕 상대주의	This is nothing but moral relativism	224
084	옹알이도 따라해야 늘어요	The Tarzan boy speaks animal tongs	226
085	지어놓고 보니 써먹게 되더라구요	I just build a net when a voice tells	228
086	권력자는 불안을 조성해야 직성이 풀리나요	Why they shake the comforts	232
087	생태계의 균형	We keep balance by killing	234
088	언제까지 안고 살건데?	Just let bygones be bygones	236
089	생각이냐, 느낌이냐	When it feels good or when I think it is good	240
090	세대 간의 말싸움, 나쁜 것 만은 아닙니다	Oh, it didn't feel that troublesome	244
091	지던 이기던 일단 해보시라구요	Can it be reinforced when we fail?	246
092	진화는 창의를 필요로 하지 않는다	Creativity doesn't matter for evolution	248
093	제이슨 본이 목숨걸고 찾고 싶었던 정체성	Your identity as important as Bourn's	250
094	사회적 규범과 개인 권리의 충돌	Individual rights VS Community norm	252
095	올바른 충고의 자세	Why a good piece of advice fails	254
096	향신료 섭취는 기후와 관계가 있을까	Capsaicin only in hot climate?	258
097	주겠다고 말하는 것, 주겠다고 서명하는 것	Saying I'll give doesn't mean giving	260
098	기억이 창조하는 사실, 사실이 창조하는 기억	The self-justifying historian	262
099	내 직업을 밝히고 나니까	After I say I am a bla bla	264
100	익명을 즐긴다면 그대는 비겁한 범죄자	Mr or Ms no name is a coward	266

100 *the original*

교양영어 고급지문 I

바른영어훈련소

001

Challenges for the intercultural couple
국제결혼, 사랑만으로 해결?

Intercultural Marriage | Dugan Romano

Most of these areas are potentially problematic to all marriages, not just to inter-cultural ones. However, ❶ it is the degree to which they exist that is not the same. In inter-cultural marriages the differences are often extreme or more dramatic. They involve cultural identity and thereby are unconscious and more difficult to resolve. And ❷ **the more different the cultures, the more difficult the job.**

Some couples insist that cultural differences are not issues at all (if two people are truly in love, etc., etc.). This does not mean they are not issues. It usually means that these couples haven't ❸ **thought about or don't** see these differences as cultural issues, that they didn't cause the couple problems, that the couple has somehow managed to overcome or resolve these areas of difference without being aware of what they were doing, ❹ **or that** in their particular personal/cultural mix, certain differences were unimportant or even nonexistent. Or it may mean that they had ❺ **so much else** going for them in common interests, goals, and complementary personalities ❻ **that** they simply slid past the cultural hurdles. But generally speaking, cultural differences do indeed exist, and many pose challenges for the inter-cultural couple.

패턴과 어휘

- be problematic to (전) ~에 문제가 되다
- complementary (형) 상호보완적인
- A, not just B   B뿐 아니라 A도
- pose + threat, challenge, problem, (and the like)
  위협이나 문제 등을 제기하다
- see A as B   A를 B로 간주하다, 보다
- slide (slid-slid) past
  미끄러지듯이 슬쩍 지나쳐가다
- the degree to which 주어 + exist
  주어가 존재하는 정도

이런 영역들의 대부분은, 단지 국제 문화간의 결혼만이 아니라, 모든 결혼에 잠재적으로 문제가 된다. 그러나, 같지 않은 부분은 그것들(문제들)이 존재하는 정도(수위)다. 국제 결혼에서는 그 차이점들이 보통 극단적이거나 더 극적이다. 그것들은 문화적인 정체성과 관련되어 있으며 따라서 의식되지 않고, 해결하기는 더 어렵다. 그리고 문화가 다르면 다를수록, 해결한다는 일도 더 어려워진다.

어떤 부부들은 문화적인 차이들이 전혀 문제가 아니라고 주장한다(만일 두 사람이 정말 사랑한다면 등등). 이것은 그것들이 논쟁거리가 아니다 라는 것을 의미하지는 않는다. 이것은 보통 이 부부들이 이 차이점들에 대해 생각해 본 적이 없거나 이것들을 문화적인 논쟁거리로 보지 않는다는 것을 의미하며, 그것들이 부부 생활 문제를 일으키지 않았다는 것과, 자신들이 무엇을 하고 있는지 알아채지 못한 채로 그럭저럭 이러한 차이점 영역들을 극복하거나 해결했다는 것을 의미하거나, 혹은 그들의 특정한 개인적/문화적 혼재 속에서, 어떤 차이점들은 중요하지 않았거나 심지어 존재하지 않았을 수도 있다는 것을 의미한다. 아니면 그들이, 공통적인 흥미, 목표, 그리고 상호 보완적인 성격 속에서 그들에게 진행되던, 다른 매우 많은 것들을 가지고 있어서 그들이 문화적 장애들을 단순하게 슬쩍 지나쳐 갔다는 것을 의미할 수도 있다. 그러나 일반적으로 말하자면, 문화적인 차이들은 실제로 존재하며, 많은 차이들이 국제 결혼에 어려움을 제기한다.

구조 해설

① 'it is + 강조어구 + that + 나머지' 의 구조 속에 강조어구인 the degree to which they exist 가 들어갔다. 주어인 the degree 에 걸리는 동사는 that 뒤에 있는 is not 이며, to which 이하는 관계사절로 the degree 를 수식한다. to which 가 들어간 이유는 they exist to a(some, the) degree 의 표현에서 보듯이, '그것들이 어느 정도까지 존재하다' 라는 의미에서 차용된 관계사절이다.

② 'the + 비교급, the + 비교급' 구조에서 나왔으며, 각각의 주어인 the cultures 와 the job 뒤에서 be 동사인 are 과 is 가 생략되었다.

③ 전치사 about 과 see 의 공통의 목적어가 these differences 이며, 뒤의 동사는 see A as B 구조를 채택했다.

④ 네 번째 or that 은 주절의 술어인 usually means 의 네 번째 목적어 명사절이며, 앞에 세 개의 목적어절과 합쳐져서 that···, that···, that···, or that···. 구조를 보인다.

⑤ 정도의 부사절. 즉, 'so + 형용사, 부사··· that 절' 이다.

002

Why keep giving what they don't need
주기만 하는 사랑이 양육의 본질인가?

When Parents Love Too Much | Laurie Ashner

Often our children resent our sacrifices ❶ **in a way that hurts us deeply.** ❷ **This isn't because** they're insensitive. They are, in fact, very sensitive. They sense that there are ❸ **motives behind our** generosity—**motives** that are ❹ **so unconscious that** we don't immediately recognize them ourselves. When we give and give until we're exhausted, as Karen did, usually ❺ **it's because** we feel that this is ❻ **the only way others will accept us or maintain a relationship with us.** If we stop giving, our children will stop loving us. They ❼ **could never** accept us for who we are, rather than for what we can give them. We believe this because we have so little real trust in our own value—in our own selves. On the deepest level, we fear we're lacking in things that are essential to being a good parent. Without our grandiose gestures of self-sacrifice, our children, our spouse, our neighbors, our own parents, will see through us to our lack. We ❽ **aren't** giving our children what they need, ❽ **so much as** what ❾ **we think** will shield them from seeing ❿ **whatever it is in us that we think we lack.** So we center our lives around our children, tolerate abuse, and keep giving.

패턴과 어휘

- abuse (명, 타동)
  학대, 학대하다, 남용, 남용하다
- accept A for B
  B로서 A를 인정하다, 받아들이다
- generosity   후하게 제공함, 호의, 관대함
- grandiose (형)   대단한, 거창한, 커다란

- A rather than B   B 라기 보다는 A
- resent + 명사, ing
  ~에 분개하다, ~에 화를 내다
- shield A from B
  B로부터 A를 막아내다, 방해하다
- tolerate + 명사, ing   참아내다

종종 우리의 아이들은 **우리를 깊게 상처입히는 방식으로** 우리의 희생에 분노한다. 이것은 그들이 둔감하기 **때문이 아니다**. 그들은 사실상 아주 민감하다. 그들은 **우리의** 호의 뒤에 있는 동기들을 감지하는데, 그 동기들은 매우 무의식적이어서 우리는 스스로 그것들을 즉시 알아챌 **수 없을 정도다**. Karen이 그랬듯이, 우리가 탈진될 때까지 주고 또 줄 때, 보통 그것은, **다른 이들이 우리를 받아들이거나 우리와의 관계를 유지할 유일한 방법**이라고, 우리가 느끼**기 때문이다**. 만일 우리가 주는 것을 멈춘다면, 우리의 아이들이 우리를 사랑하는 것을 멈출 것이다. 그들은, 우리가 그들에게 줄 수 있는 무언가로서 라기보다, 우리의 존재 그 자체**로서 우리를 받아들일** 수는 없을 것이다. 우리는 이렇게 믿는데, 왜냐하면 우리는 우리 자신의 가치, 즉 우리들 자신의 자아에 진정한 신뢰를 거의 갖고 있지 않기 때문이다. 가장 깊은 곳에서, 우리는 우리가 좋은 부모가 되는데 필수적인 것들이 결핍되지 않았는지 두려워한다. 우리의 자기희생이라는 거창한 몸짓이 없다면, 우리의 아이들과 배우자와 이웃들, 우리 자신의 부모님들은 우리의 부족한 부분까지 간파할 것이다. 우리는 아이들에게 그들이 필요한 것을 주**는 것이 아니라, 우리가 생각하기에, 우리 안에 있는 우리가 부족하다고 생각하는 모든 것을 그들이 볼 수 없도록** 가려줄 수 있는 **것을 주는 것이다**. 그래서 우리는 우리의 삶을 우리 아이들 주위의 한 가운데 가져다놓고, 학대를 참고, 주고 또 주는 것이다.

구조 해설

1. in a, the, this, that, some, any, no.. way 구조에서 전치사는 in 은 생략 가능.
2. it is + 강조어구 + that + 나머지 어구 구조에서 it 을 this 로 대체한 것으로서 앞의 문장을 대명사로 받았다. 보통 앞 문장 전체를 that 뒤에서 다시 쓰기에 길 때 that 뒤쪽을 생략하고 it is because…. 혹은 this is because…. 로 축약해 쓴다.
3. -(하이픈) 뒤에서 앞의 명사 motives 다시 받은 이유는 수식어를 더 붙여서 앞에 한 번 거론한 명사를 좀 더 자세하게 부연 설명하기 위해 일종의 부연적 동격이다.
4. so + 형, 부 + that 절 구조이다
5. 역시 it's 대신에 this is 로도 가능하다.
6. the only way 는 앞에 있는 술어 is 의 보어이다. way 뒤에서 관계부사가 생략되었다.
7. could 라고 조동사의 과거형을 쓴 이유는 if we stopped giving 이라는 의미가 포함된 가정법의 주절구조이다.
8. not A so much as B 구조이다. 'A 라기 보다는 B'. A=what they need, B=what we think will shield them….
9. what will shield them 에서 삽입구조로 we think 를 넣었다.
10. 명사절에서 it be… that 강조구조가 삽입되었다. 강조 전의 모습은 whatever we think we lack in us.

003

Please lay out properly
신문지면 편집이 이리도 어려운 것인가?

How to say it | Rosalie maggio

Dear Mr. Scott.
What happened to the ecclesiastical crossword puzzle you used to have every month in the Abbot?

To the Editor : Several months ago, you announced a "bold new look" for the paper. Could we perhaps have the timid old look back? Sometimes I find the financial pages behind the sports pages, sometimes in a section of their own, and occasionally with the classified ads. Usually the advice columnists and funnies are run together in their own section, but more often they are separated and positioned variously with the sports pages, the community news, the feature section, or the food pages.

I have tried to discern ❶ **a method to your madness**—perhaps on Mondays the sports have their own section, on Tuesdays they appear with the financial papers. ❷ **No such luck**. Somebody down there must just roll dice and say, "Ha! Let them try to find the foreign exchange rates today!" Is there any hope for a more organized future?

패턴과 어휘

- be run together
  함께 실리다, 운영되다
- classified ads
  신문 등에서 면으로 구분된 광고
- dice   한 벌의 주사위

- discern + 명사
  이해하다, 식별하다, 구별하다
- ecclesiastical   (형) 교회와 관련된
- feature section   특집기사면

Mr. Scott씨에게.

Abbot지에 당신들이 매달 실었던 교회 관련 낱말 맞추기에 무슨 일이 생겼습니까?

 편집자에게 : 몇 달 전에, 귀하는 해당 신문을 위해 "과감한 새로운 모습"을 선포했습니다. 우리가 혹시 소심한 예전의 모습을 되찾을 수 있겠습니까? 때때로 나는 경제면을 스포츠면 뒤에서, 때로는 그들 자신의 섹션에서, 그리고 이따금씩 광고면과 함께 발견합니다. 보통 상담과 재미있는 이야기들은 그들의 고유한 섹션에서 함께 실리지만, 그것들은 좀 더 자주 스포츠면, 지역뉴스면, 특집기사면, 혹은 음식 기사면과 함께 다양하게 분리되고 배치됩니다.
 나는 귀사 나름대로의 **광기에 있는 어떤 규칙성**을 이해하려고 애써왔습니다. 아마도 월요일마다 스포츠는 고유한 지면을 차지하고, 화요일마다 그것들이 경제란과 함께 나오겠지…. **그러나 이런 행운은 없었습니다**(앞에서 추측한 것이 맞지 않았다). 거기 있는 누군가가 단지 주사위를 굴리며 이렇게 말하는 것이 틀림없는 것 같아요. "하! 오늘 그들이 환율을 찾기 위해 애써보게 하지!" 더 정돈된 미래에 대한 어떤 희망이라도 있겠습니까? (지면 배분이 엉망이고 무계획적이어서 옛날로 돌아가는 것이 더 나을 것 같다)

구조 해설

① '광기 속에서의 하나의 규칙성, 조리' 라는 의미로 미친 것처럼 보이지만, 그 속에 있을지도 모르는 일관성을 가정한 표현이다. 전치사 to 대신 in 을 쓰기도 한다.

② There was no such luck, I had no such luck 등에서 축약되었다.

004

Your trip hasn't failed
부모는 부처님 조각상, 아이들은 달달한 음료

Travel with children | Maureen Wheeler

Allow your children to experience things in their own way. The Buddha statue may seem very impressive to you, but if your son seems to be more interested in the vendor of sticky drinks, don't think the trip is a failure and your little philistine ❶ **would have been better at home.** You'll be surprised at ❷ **the memories he will take home,** and often quite unprepared for ❸ **the insights he will have of the culture and people he met.** Don't devalue the things your children find exciting and wonderful or try to always turn their attention to what you feel is more important aspect of what you are seeing. So long as they find something exciting and wonderful, the trip will be a success.

패턴과 어휘

- devalue + 명사   저평가하다
- statue   조각상
- philistine   속물, 비교양인, 속물적인, 실리만을 추구하는 (이스라엘 민족이 영토적 적대 민족이었던 팔레스티나 민족을 경멸하여 부르던 의미에서 차용됨)

당신의 아이들이 그들 자신의 방식으로 사물들을 경험하게 허락하세요. 불상이 당신에게 아주 인상적으로 보일지도 모르지만, 만약 당신의 아들이 끈적거리는 음료를 파는 행상에게 더 관심이 있는 것 같다 해도, 그 여행이 실패한 것이고 당신의 어린 철부지가 집에 있는 편이 나았을 것이라고 생각하지 마세요. 당신은 그가 집으로 가져올 기억에 놀라게 될 것이며, **아이가 만났던 문화나 사람들에 대해 그가 가질 통찰들**에 대해 당신은 종종 무방비상태일 것입니다. 당신의 아이가 흥미롭다거나 놀랍다고 느끼는 것들을 과소평가하지 마세요. 그리고 당신이 느끼기에 당신이 보고 있는 것의 더 중요한 측면으로 그들의 주의를 항상 돌리려고 애쓰지 마세요. 그들이 어떤 것이 흥미롭고 훌륭하다고 느끼는 한, 그 여행은 성공한 것입니다.

구조 해설

❶ 가정법 과거사실 반대가정의 결과절 술어구조, would, could, might + have pp 형태로 나오며, 여기서는 '만약 아이들을 집에다 두고 왔더라면, 혹은 데려오지 않았더라면' = if they had not taken their children with them 이라는 의미가 생략되어 있다.

❷ take + 명사 + home : '집으로 ~을 데려가다', '가지고 가다' 구조에서 나온 관계사절

❸ the insights of the culture and people he met 구조에서 관계사절 he will have 가 insights 를 수식한다는 것을 보여주기 위해 전치사 of 앞에 위치했음

005

Predators need green grass
풀밭과 포식자는 공생관계

Good news for a change | David T. Suzuki

Savory realized that something else had evolved with the grasslands : predators. The lions, hyenas, cheetahs and dingoes in Africa, and the wolves, coyotes and eagles in the American West, had evolved to prey on the huge herds of delicious herbivores that roamed so plentifully on all these grasslands. The activity of the predators chasing the herbivores around was ❶ **as essential for the health of grasslands as** the grazing activity of the herbivores. Savory found that in areas ❷ **devoid of new growth and supposedly lost to regeneration,** new seedlings could only take root in spots where cattle had been greatly disturbed by a predator. Where the panicked wildebeest or antelopes had bunched together and churned up the ground with their hooves, tearing up and trampling in the dead plant material and loosening the soil so it could receive seedlings and the

패턴과 어휘

- antelopes 영양
- be devoid of ~이 부족하다
- be lost to ~이 상실되다
- bunch together 함께 무리짓다
- churn up + 명 휘저어 일으키다
- graze (자동) 풀을 뜯어먹다
  └ graze on : ~을 뜯어먹다
- herbivore 초식동물
  └ carnivore : 육식동물
  └ omnivore : 잡식동물

- hoof (cloven hoof) 발굽 (복수형 hooves)
- panic (명, 타동) 공포, 겁주다
  (모음 접미어를 받을 때 끝에 k 를 첨가함)
- prey on ~을 먹이로 삼다
- roam (in, around, over) 배회하다, 돌아다니다
- seedling 어린 풀, 나무
- take root 뿌리를 내리다
- trample (over, in, on) 짓밟다, 유린하다
- wildebeest 누 (영양의 한 종류)

Savory(사람 이름)는 그 밖의 다른 무엇인가가 초지와 함께 진화했다고 깨달았는데, 그것은 바로 포식자들이었다. 사자, 하이에나, 치타와 아프리카의 들개, 그리고 늑대, 카이어티(코요테)와 서아메리카에 있는 독수리들이 이 모든 풀밭들에서 아주 풍부하게 돌아다녔던 맛있는 초식 동물의 거대한 무리들을 잡아먹도록 진화했다. 그 초식 동물들을 이리저리 쫓아다니는 포식자들의 활동은 초식동물의 풀을 뜯어 먹는 행위만큼 초지의 건강에 필수적이었다. (풀의)새로운 성장이 없으며 짐작하건데 재생이 상실된 지역에서는, 새로운 어린 풀들이, 단지 소떼가 포식자에 의해 대단히 괴롭힘을 당했던 지점에서만 뿌리를 내릴 수 있었다는 사실을 그는 발견했다. 깜짝 놀란 누(영양과의 한 종류) 또는 영양이 함께 무리 지어서 그들의 발굽으로 땅을 마구 휘저었으며, 죽은 식물을 찢고 뭉개서 땅이 씨앗과 새로운 비를 받아들일 수 있도록 부드럽게

구조 해설

① as essential … as : 원급비교 해석

② devoid of 와 supposedly lost to 는 각각 형용사구, 분사구 후치수식

005

Predators need green grass
풀밭과 포식자는 공생관계

Good news for a change | David T. Suzuki

new rains, regeneration was possible. Moreover, in their fear, the animals usually remained crowded together for some hours, urinating and defecating. As anyone who herds animals knows, herbivores will not graze in an area
5 where they have defecated until the material is completely broken down, at least a year in temperate Canada. This fact led Savory to his next discovery : timing.

패턴과 어휘

- break down + 명   분해하다, 해체하다
- defecate (자동)   대변보다
- herd (명, 타동)   떼, 무리, 무리를 몰다
- urinate (자동)   소변보다
- : (콜론 기호)   구체적 예를 들거나 주장을 보충할 때 또는 원인, 이유 등을 제시할 때 사용한다.

해준 곳에서, 재생(식물이 새로 태어나는 것)이 가능했다. 게다가 두려워서, 동물들은 보통 함께 무리지어 여러 시간을 보내며, 소변과 대변을 보았다. 동물들을 몰아본 누구라도 알고 있듯이, 초식 동물들은 그들이 대변을 봤던 곳에서 그 물질이 완전히 분해될 때까지, 적어도 온화한 캐나다에서는 일 년 간은, 풀을 뜯어 먹지 않는다. 이 사실은 Savory가 그의 다음 발견을 하도록 만들었는데, 그것은 타이밍이었다.

006

The more failures, the harder you'll be
실패는 성공의 어머니 맞습니다

Go for Gold | John C. Maxwell

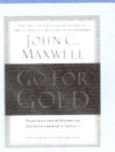

About twenty years ago, Time magazine described **a study by a psychologist of people** who had lost their jobs three times due to plant closings. The writers were amazed by what they discovered. They expected the people being laid off to be beaten down and discouraged. Instead they found them to be incredibly resilient. Why was that? They concluded that people who had weathered repeated adversity had learned to bounce back. People who had lost a job and found a new one twice before were much better prepared to deal with adversity than someone who had always worked at the same place and had never faced adversity.

It may sound ironic, but if you have experienced a lot of failure, you are actually in a better position to achieve success than people who haven't. When you fail, and fail, and fail again—and keep getting back up on your feet and keep learning from your failures—you are building strength, tenacity, experience, and wisdom. And people who develop such qualities are capable of sustaining their success, **unlike many for whom good things come early and easily.** As long as you don't give up, you're in a really good place.

약 20년 전에, 타임지는 공장 폐쇄 때문에 직업을 세 번 잃었던 **사람들에 관한, 한 심리학자에 의한 연구**를 실었다. 그 저자들은 그들이 발견한 것에 놀랐다. 그들은 그 해고당하는 사람들이 낙담하고 실망했을 것이라고 예측했다. 하지만 그 대신 그들은(저자들은) 그들이(해고당한 사람들) 믿을 수 없을 만큼 회복력이 있다는 것을 발견했다. 왜 그랬을까? 그들은 반복되는 역경을 이겨낸 사람들이 회복하는 법을 배웠다고 결론을 내렸다. 직업을 잃고 이전에 새로운 일을 두 번이나 찾아 본 사람들은, 언제나 똑같은 곳에서 일하고 역경에 직면해 본 적이 없던 사람들보다 역경에 훨씬 더 잘 대처할 준비가 되어 있었다.

　모순되게 들릴지 모르겠지만, 만일 당신이 많은 실패를 경험했다면, 당신은 실제로는 그렇지 않은 사람들보다 성공을 성취할 더 좋은 여건에 있는 것이다. 당신이 실패하고, 실패하고 또 실패할 때, 그리고 계속해서 당신 스스로 일어서고 당신의 실패에서 무언가를 배울 때, 당신은 강함과 끈기와 경험과 지혜를 구축하고 있는 것이다. 그리고 이러한 자질들을 발전시키는 사람들은, **좋은 상황들이 쉽고 빨리 다가온 많은 사람들과는 다르게**, 그들의 성공을 유지할 수 있다. 당신이 포기하지 않는 한, 당신은 정말로 좋은 처지에 있는 것이다.

패턴과 어휘

- adversity　역경
- get back up on one's feet　다시 일어서다
- lay off + 명사　~을 해고하다
- resilient
 (형) 회복력 있는, 되살아나는, 반동하는
- sustain + 명사　유지하다
- tenacity　인내, 끈기
- weather + 명사 (adversity, crisis..)
 역경 등을 겪다, / 풍화시키다

구조 해설

❶ a study… of people : of 앞에서 다시 by 구를 넣어서 각각 앞의 study 를 꾸민다.
　'~에 의한, ~에 관한 연구'

❷ many 가 선행사로 관계사절의 수식을 받았다.

007

Remove perceived limits
이거 시험에 나오나요?

What I Wish I Knew When I Was 20 | Tina Seelig

Unfortunately, in most situations this doesn't happen. We're encouraged to "satisfice." That is, we're subtly or not so subtly encouraged to do the least amount ❶ **we can** to satisfy the requirements. For example, teachers give assignments and clearly state what's required to get specific grades. The classic question ❷ **posed to** a teacher is, "Will this be on the exam?" Teachers hate this question. However, students have learned through years of reinforcement ❸ **that** all they need to do ❹ **is meet** the minimum requirement to get the grade they want. This happens at work as well, when bosses outline specific objectives for their staff and create rubrics and metrics for giving bonuses and promotions.

It's easy to meet expectations, knowing exactly what you will get in return. But amazing things happen when you remove the cap. In fact, I believe there's a huge pent-up drive in each of us to blow off the cap. Like a soda bottle that's been shaken, individuals who remove perceived limits achieve remarkable results.

패턴과 어휘

- be posed to A   A에게 ~이 제기되다
- outline (명, 타동)
  개요, 대략적으로 설명하다
- reinforcement
  강화, 강화시켜주는 경험, 개념
- satisfice   satisfy and suffice 의 합성어로서 '최소한의 것을 충족시키다'
- subtly (부)   미묘하게, 암시적으로
- pent-up   '가두어진'. 원래 pen 즉, '동물 등을 가두는 우리, 혹은 우리 안에 가두다' 라는 동사의 과거, 과거분사인 pent 와 부사 up 을 붙여서 만든 표현.
- rubrics and metrics   원래 ruby 의 붉은 색을 지칭하는 말로서 붉은 색으로 칠해진 중요한 말의 부분을 의미한다. 규정이나 핵심 등을 의미하며 metrics 는 시를 쓸 때 사용되는 운율법인데 기준 등을 의미하는 말이다.

불행히도, 대부분의 상황에서 이것은 일어나지 않는다. 우리는 "(최소한의 것들을) 충족시키도록" 부추겨진다. 즉, 우리는 필수 조건들을 충족시키기 위하여 **우리가 할 수 있는** 최소한만을 하도록 미묘하거나 노골적으로 부추겨진다. 예를 들면, 선생님들은 숙제를 내주고 명확히 특정한 성적을 받기 위해 요구되는 것을 언급한다. **선생님이** 받는 전형적인 질문이란 "이것이 시험에 나오나요?"이다. 선생님들은 이러한 질문을 싫어한다. 그러나, 학생들은 수 년간의 강화(경험적 확신)를 통해 **그들이 할 필요가 있는 전부는** 원하는 성적을 얻기 위하여 최소한의 필수조건을 **만족시키는 것**이라는 것을 배워왔다. 이것은, 상사들이 그들의 직원에게 특정한 목표에 대한 대략의 윤곽을 주고 보너스와 승진을 제공하는 규정들과 기준들을 만들 때, 직장에서도 일어난다.

　당신이 보답으로 받을 것을 정확히 알 때, 기대를 충족시키는 것은 쉽다. 그러나 당신이 그 뚜껑(한계)을 제거하면 놀라운 일들이 생긴다. 사실상, 나는 그 뚜껑을 날려버릴 거대한 억눌린 충동이 우리들 각각 안에 있다고 믿는다. 흔들어진 탄산음료의 병처럼, 인지된 제한들을 벗어나는 개인들은 뛰어난 결과를 성취한다.

구조 해설

1. we can 다음에 동사 do 가 생략된 관계사절.
2. which is posed to a teacher 구조로 이해하면 되는 분사후치수식구
3. that 절은 앞의 술어동사 have learned 의 목적어절
4. is 의 주어는 all 인데, 선행사가 do 로 끝나는 수식어를 받으면 to 부정사를 보어로 취하지 않고, 원형부정사를 보어로 취한다. 즉, meet 앞에 to 가 생략되어 있다.

008 The molecular clock would tell you
우리는 언제, 어디서 헤어진 걸까?

Reading by all means | Fraida Dubin

Suppose there were a molecule that occurred in many or all species, and whose structure slowly changed (because of genetic mutations) at the same steady rate. Two species ❶ **derived from a common ancestor** would start off with identical forms of the molecule, but as they diverged from each other and from the ancestor, mutations would change it. Thus by comparing the present architecture of the molecule in different species, we could measure how different the creatures were genetically and how much time had elapsed since their divergence. For instance, a molecule might differ by one per cent in a pair of species known from fossil evidence ❷ **to have diverged five million years ago.** If the same molecule differed by two percent between two species whose fossil histories were unknown, the molecular clock would indicate that they went their separate evolutionary ways ten million years ago.

패턴과 어휘

- A be derived from B = derive A from B
  B로부터 A를 유래시키다
- differ from   ~와 다르다
- diverge from   ~로부터 갈라지다
- elapse (자동, 명)   경과하다, 경과
- fossil evidence   화석적 증거
- molecule   입자, 분자
- mutation   돌연변이 현상

많은 혹은 모든 종들에게서 발생하며 그 구조가 똑같이 일정한 속도로 천천히 변하는(유전적인 돌연변이 때문에), 하나의 분자가 있다고 가정해보자. **공통의 조상**에게서 나온 두 종들은 똑같은 분자의 형태들을 가지고 시작되지만, 그것들이 서로로부터 그리고 조상으로부터 갈라지면서, 돌연변이 현상들이 그 종을 변화시킬 것이다. 따라서 다른 종들 속에서의 그 분자의 현재구조를 비교함으로써, 우리는 그 생물이 유전적으로 얼마나 달라졌는지와 얼마나 많은 시간이 그들의 분화 이후 경과했는지 측정할 수 있을 것이다. 예를 들자면, 한 분자는 화석 증거로부터 **5백만 년 전에 분화되었다고 알려진** 한 쌍의 종들에서 1%만큼 다를 것이다. 만일 같은 분자가 화석의 역사가 알려지지 않은 두 종들 사이에서 2%만큼 차이가 난다면, 그 분자 시계는 그들이 천만 년 전에 분리된 진화의 길로 갔다는 것을 나타낼 것이다.

구조 해설

① derived 는 동사의 과거형이 아니라 수동수식을 하는 과거분사이다.

② '5백만 년 전에 분기되었었던' 이라는 의미로 주절 술어동사 보다 부정사 속의 시제가 앞선다는 것을 보여주는 완료부정사

009

Not for children alone
성인용, 아이들용 구별하지 마세요

New directions | Peter S. Gardner

When parents watch TV with their young children, explaining new words and ideas to them, the children comprehend far more than ❶ **they would** if they were watching alone. This is due partly to the fact that when kids expect that TV will require thought, they spend more time thinking. What's ironic is that most parents use an educational program as an opportunity to park their kids in front of the set and do something in another room. "Even for parents who are generally wary of television," Anderson says, "Sesame Street is considered a show where it's perfectly okay to leave a child alone." The program was actually intended to be viewed by parents and children together, he says.

패턴과 어휘

- be due to (전)   ~때문이다
- be intended to (부정사)   ~할 것으로 기획되다
- be wary of   ~을 경계하다
- comprehend + 명   이해하다
- park + 명   묶어두다, 고정시키다, 주차시키다

부모가, 새로운 말이나 개념들을 아이들에게 설명하면서, 어린 아이들과 텔레비전을 시청할 때, 그 아이들은 **혼자서 시청하게 될 때 이해하는 것보다**, 훨씬 더 많이 이해한다. 이것은 부분적으로는, 어린이들이 텔레비전이(즉, 티비를 보는 것이) 생각을 필요로 한다고 기대할 때(예상할 때), 더 많은 시간을 생각하는데 쓴다는 사실 때문이다. 모순적인 것은 대부분의 부모들이 교육적인 프로그램을, 아이들은 텔레비전 세트 앞에 앉히고 자신들은 다른 방에서 어떤 일을 할 수 있는, 기회로 사용한다는 점이다. "심지어 일반적으로 텔레비전을 경계하는 부모들에게도 Sesame Street는 아이를 혼자 두어도 완전히 괜찮은 방송이라고 여겨진다"고 Anderson은 말한다. 그 프로그램은 실제로는 부모들과 아이들이 함께 시청하도록 기획되었다고, 그는 말한다.

구조 해설

❶ 뒤의 가정법과 연동되어서 조동사 would 다음에 comprehend 가 생략되었다.

010

What is card stacking
기만하는 언어에 능한 정치인들과 광고인들

New directions | Peter S. Gardner

When people say that "the cards were stacked against me," they mean that they were never given a fair chance. ❶ **Applied to propaganda**, card stacking means that one side may suppress or distort evidence, tell half-truths, over simplify the facts, or set up a "straw man" - a false target - to divert attention from the issue at hand. Card stacking is a difficult form of propaganda ❷ **both to detect and to combat.** When a candidate claims that an opponent has "changed his mind five times on this important issue," we tend to accept the claim without investigating whether the candidate had good reasons for changing his mind. Many people are simply swayed by the distorted claim that the candidate is "waffling" on the issue. Advertisers often stack the cards in favor of the products they are pushing. They may, for instance, use what are called "weasel words." These are small words that usually slip right past us, but that make the difference between reality and illusion. The weasel words are underlined in the following claims:

❸ "**Helps control** dandruff symptoms."(The audience usually interprets this as stops dandruff.)

패턴과 어휘

- dandruff   비듬
- distort + 명사   왜곡시키다
- divert A from B   B로부터 A의 주의를 돌리다
- in favor of   ~을 지지하여, 우호적으로
- propaganda   정치 선전
- stack + 명사   쌓다
- sway   동요시키다, 흔들다
- waffle   시시하게 굴다, 애매한 태도를 취하다

'카드가 나에게 맞서서 쌓여있다'라고 말할 때, 그들은 그들이 결코 공평한 기회를 받은 적이 없었다는 것을 의미하는 것이다. 정치 선전에 적용된다면, 카드가 쌓여있다는 것은, 당면한 문제에서 주의를 돌리기 위하여, 한 쪽이 억압하고 있거나 증거를 왜곡하고 있거나 절반의 진실만을 얘기하거나 사실을 심하게 단순화시키거나 혹은 가짜 목표물인 "허수아비(대신해서 희생할 사람)"를 만드는 것을 의미한다. 카드를 쌓는다는 것은 간파하기도 맞서 싸우기도 어려운 형태의 정치 선전이다. 한 후보가 상대편이 "이 중요한 문제에 대해서 5번이나 마음을 바꿨다"라고 주장할 때, 우리는 그 후보자가 마음을 바꾼 합당한 이유가 있었는지 알아보지도 않은 채 그 주장을 받아들이는 경향이 있다. 많은 사람들은 단지 그 후보자가 그 문제에 대해 "애매한 태도를 취한다"는 왜곡된 주장에 의해 흔들린다. 광고주들은 종종 그들이 밀고 있는 상품에 유리하도록 카드를 쌓는다.

예를 들면, 그들은 소위 "족제비의 말(교묘한 말)"을 사용한다. 이것들은 보통 우리 곁을 바로 지나쳐가는 사소한 말들이다. 그러나 그것이 현실과 허상 사이에 차이를 만든다. 그 교묘한 말들은 다음과 같은 표현에서 강조된다. "비듬 증상을 완화하는데 도움이 된다." (광고 시청자들은 보통 이것을 비듬을 멈추어주는 것으로 해석한다)

구조 해설

1. 수동분사구문

2. both A and B 에서 각각 to detect 와 to combat 은 앞의 difficult form of propaganda 를 수식함.

3. helps 의 주어는 해당 제품이므로 생략되어 있고, 제품이 3인칭 단수이므로 동사에 s 를 붙였으며, help는 뒤에서 목적어로 to 부정사나 원형부정사를 받을 수 있어서 control 이라는 원형부정사가 온 것임.

What is card stacking

기만하는 언어에 능한 정치인들과 광고인들

New directions | Peter S. Gardner

"Most dentists surveyed recommend sugarless gum for their patients who chew gum." (We hear the "most dentists" and "for their patients," but we don't think about how many were surveyed or whether the dentists first recommended that the patients not chew gum at all.)

"설문조사를 받은 대부분 치과의사들은 껌을 씹는 그들의 환자들에게 무설탕껌을 추천한다." (우리는 "대부분의 의사들"과 "그들의 환자들에게"를 듣지만, 얼마나 많은 사람들이 설문에 응했는지 혹은 의사들이 환자들에게 전혀 껌을 씹지 말라고 먼저 추천했는지의 여부는 알지 못한다.)

011

Timeless Minds
마음은 청춘

The last self-help book you'll ever need | Paul Pearsall

Most of the older people I've interviewed say that they feel ❶ **no different from** when they were younger. Their core identity had not changed. Some elders say they can think both "old" and "young" and that this allows them to think more creatively and with less concern for conformity. Because there is less of it left, they feel more excited about ❷ **the life to which they are grateful to awaken everyday**. Now that I'm older, I never get up when I wake up. I always take several minutes to lie there and relish the gift of being alive.

There is nothing sick or wrong with a senior consciousness and an old body. No one points to a young child and says, "Poor child. Look how terribly soft and undefined his skin is." No one says about a successful young executive, "How terrible that such a young woman thinks so quickly and responds so fast."

Our consciousness develops, but it doesn't age in the same way as our bodies. Within a narrow range, nature establishes the timetable for the aging of the body. Exercise, diet, and meditate as we will, there is really not much we can do to reset that clock. Deepak Chopra is wrong when he says we have ageless bodies, but he's right when he says we have timeless minds.

내가 인터뷰했던 대부분의 연장자들은 그들이 더 젊었을 때와 **전혀 다르게 느끼지 않는다고** 말한다. 그들의 핵심적인 정체성은 바뀌지 않았다. 어떤 연장자들은 그들이 "나이 든 상태로" 그리고 "젊은 상태로" 둘 다 생각할 수 있으며 그것이 그들이 더 창조적으로 그리고 적응에 대해 덜 걱정하며 생각하도록 만든다고 말한다. 남아있는 생이 더 적기 때문에, 그들은 **매일 깨어나는 것에 감사하는 삶**을 더 즐거워한다. 이제 나는 더 나이가 들어서, 잠이 깨도 결코 바로 일어나지 않는다. 나는 언제나 거기에 몇 분 누워서 살아있다는 선물을 만끽한다.

노인들의 의식과 나이든 몸에 병들거나 잘못된 것은 없다. 아무도 어린이를 가리키며 말하기를, "불쌍한 것. 그의 피부가 얼마나 끔찍하게 부드럽고 말랑한지 좀 봐."라고 하지 않는다. 아무도 성공한 젊은 경영인에게 "이렇게 젊은 여성이 재빠르게 생각해내고 그렇게 빨리 반응을 하다니 얼마나 끔찍해!"라고 하지 않는다.

우리의 의식은 발전하지만, 그것은 우리의 몸과 같은 방식으로 나이 먹지 않는다. 좁은 범주 안에서, 자연은 몸의 노화를 위한 시간표를 설계한다. 운동하고, 다이어트하고, 명상을 할지라도, 그 시계를 다시 맞추기 위해 우리가 할 수 있는 것은 실제로는 많지 않다. Deepak Chopra가 우리가 노화 없는 몸을 가진다고 말할 때 그는 틀린 것이다. 그러나 그가 시간을 초월한 정신을 가진다고 말할 때 그는 옳은 것이다.

패턴과 어휘

- age (명, 동)   나이, 세대, 나이 들다
- conformity   순응
- point to +   ~을 가리키다
- relish + 명사, ing
  ~을 향유하다, 마음껏 즐기다
- undefined (분)
  명확하지 않은, 구분되지 않은

구조 해설

❶ different + than, from : 비교의 의미를 가진 말 앞에 no 를 붙일 경우, '전혀 다르지 않다, 조금도 다르지 않다' 라는 원급의 강조

❷ be grateful to + 목적어 : '~에게 감사하다'

012

One cup of elixir won't do
한 잔의 산삼음료가 해결하지 않는다

Coconut Cures | Bruce Fife

The speed ❶ **at which the body heals** is determined to a great extent by your diet and lifestyle. The old adage "You are what you eat" is very true. Our cells and tissues are built from the foods we eat. If we eat poor quality foods lacking in essential nutrients, our bodies cannot build healthy bones, muscles, and tissues. It's just like a contractor building a house: if he uses cheap materials, the house will deteriorate and fall apart quickly. In like manner, if we feed our bodies poor quality foods, our bodies will be weak and susceptible to disease.

One woman commented, "I was disillusioned when I first started taking coconut oil." She had heard ❷ **so much** good about the oil ❷ **that** she was discouraged when she wasn't seeing a quick recovery. ❸ **It was not until** she increased the amount of oil she took and cut out sugar and refined flour and all processed foods ❸ **that** she started feeling the benefits of the oil. "I also began losing weight though I was eating more fat." She adds, "Remember that though coconut oil is a miracle food, it cannot make miracles happen without other changes in the diet." Coconut products provide an

패턴과 어휘

- be disillusioned   착각하다, 오도되다
- contractor
  하청 계약업자, 혹은 건축시행자
- deteriorate (자동사)   쇠약해지다
- fall apart   해체되다, 부서지다
- in like manner   유사한 방식으로
- nutrient   영양소
- processed foods   가공식품
- refined flour   정제 밀가루
- susceptible to + 명사, ing   ~에 취약한
- to a great extent   상당한 정도까지

몸이 치유되는 속도는 당신의 식단과 생활 양식에 의해 상당한 정도까지 결정된다. "당신이라는 존재는 당신이 먹은 것입니다"라는 오랜 격언은 정말 맞는 말이다. 우리의 세포와 조직은 우리가 먹는 음식들로부터 구성된다. 만일 우리가 필수적 영양분이 부족한 저질 음식을 먹는다면, 우리의 몸은 건강한 뼈와 근육과 조직들을 구성할 수 없을 것이다. 그것은 집을 짓는 하청 건설업자와 같다. 만일 그가 싼 재료를 사용한다면, 그 집은 빨리 헐어서 무너질 것이다. 같은 방식으로. 만일 우리가 우리의 몸에 형편없는 질의 음식을 먹인다면 우리의 몸은 약해져서 병에 취약해질 것이다.

한 여성이 "내가 처음으로 코코넛 오일을 먹기 시작했을 때 착각했었다."라고 말했다. 그 여성은 그 기름에 대해 좋은 말을 너무 많이 들어서 빠른 효과를 보지 못했을 때 좌절했다. 그녀가 먹는 그 기름의 양을 늘리고 설탕과 정제된 밀가루 그리고 모든 가공식품들을 줄이고 난 다음에서야, 코코넛 오일의 혜택에 대해 느끼기 시작했다. "지방성분을 더 먹고 있는데도 살이 빠지더라구요." "기억하세요, 비록 그 기름이 기적의 음식이라 해도, 식이요법에서 다른 변화들 없이는 기적이 일어나게 만들지 못합니다."라고 그녀는 부가적으로 말했다. 코코넛

구조 해설

❶ at which the body heals : 앞에 속도, 가격, 비율 등이 오면 보통 at which 로 유도되는 관계사절을 많이 쓴다.

❷ so much… that : so + 형, 부… that 절

❸ It was not until… A… that… B…. : 'A 하고 나서야 비로소 B 하다'

012

One cup of elixir won't do
한 잔의 산삼음료가 해결하지 않는다

Coconut Cures | Bruce Fife

excellent source of nutrition, fiber, and other elements that promote better health and ward off disease, but they can't make up for a poor diet. If you live on donuts and coffee, you will develop health problems. No amount of coconut ❶ **added to the diet** will compensate for dietary abuse. Coconut can help, even when the diet is poor, but to achieve the best results, to experience the "miracles" that others have, you need to eat properly. Those who complain that coconut doesn't help them are usually the ones who eat the worst types of foods and expect coconut to act like a wonder drug.

❷ **The healthier your diet is, the faster coconut will aid you** in overcoming health problems. ❸ **When it comes to dietary advice**, it seems that everyone has his or her own opinion. Even the so-called nutritional experts don't agree. Some promote vegetarianism or raw foodism while others promote high-protein diets. One expert will say low-fat, high-carbohydrate diets are ❹ **the way to go** while another will claim a moderate or high-fat, low-carbohydrate diet is better. And ❺ **still others** will say we should base our dietary choices on metabolism or blood type. Opinions often ❻ **run strong**

패턴과 어휘

- compensate for   보충하다
- dietary abuse
  식단 학대, 제대로 먹지 못함
- live on + 음식   먹고 살다
- make up for   보충하다
- metabolism   신진대사
- raw foodism   생식주의
- ward off + 명사   막아내다

제품들은 건강을 증진시키고 질병을 막아주는 영양분, 식이섬유 그리고 다른 요소들의 탁월한 원천을 제공하지만, 그것들이 형편없는 식단을 보충해 줄 수는 없다. 만일 당신이 도넛과 커피에 의존해서 살고 있다면, 당신은 건강문제가 생길 것이다. 그 식단에 부가되는 코코넛의 어떤 양도 영양적인 학대를 보완해 줄 수 없을 것이다. 식단이 형편없어도, 코코넛은 도움이 되지만, 최상의 결과를 성취하기 위하여, 즉 다른 이들이 경험한 "기적"을 경험하기 위해서는 당신은 적절하게 먹을 필요가 있다. 코코넛이 그들에게 도움이 되지 않는다고 불평하는 사람들은 대개 최악의 음식들을 먹으면서 코코넛이 기적의 약처럼 작용하기를 기대한다.

당신의 식단이 건강할수록, 코코넛이 더욱 빠르게 당신이 건강 문제들을 극복**하는데 도움을 줄 것이다. 식이요법에 관한 한,** 모든 사람들이 자신의 고유한 의견을 가지고 있는 것처럼 보인다. 심지어 소위 영양학 전문가들도 의견이 일치하지 않는다. 어떤 이들은 채식주의 혹은 날것을 먹는 것을 장려하는 반면에 다른 이들은 고단백 식단을 장려한다. 어떤 전문가는 저지방, 고탄수화물 식단이 **선택해야 할 방식**이라고 말하고 반면에 다른 이들은 적당한 혹은 고지방 저탄수화물 식단이 더 낫다고 말한다. 그리고 **또 다른 이들은** 우리가 우리의 식단의 선택을 신진대사량이나 혈액형에 기반 해야 한다고 말할 것이다. 의견들은 종종 **어떤**

구조 해설

① added to the diet : 앞의 명사를 수동수식한다.

② The healthier your diet is, the faster coconut will aid you : 비례절 적 해석, '~ 할 수록 ~하다'

③ When it comes to dietary advice : to는 전치사이므로 뒤에 명사나, ing 형태

④ the way to go : '갈 길, 올바른 방식'

⑤ still others : 둘로 나누고 다시 제 3의 것을 거론할 때 still 을 붙인다.

⑥ run strong : run 동사가 보어를 받을 꼴. run cold, run wild, run short···. 등의 패턴

012

One cup of elixir won't do
한 잔의 산삼음료가 해결하지 않는다

Coconut Cures | Bruce Fife

❶ **as to which is more correct.** I'm not going to attempt to recommend any particular diet in this book. What I am going to ❷ **do is make** some general recommendations that would be compatible with almost any of these diets. When you look at all the different diets, you find that people have benefited from most of them. Even those that seem to be complete opposites such as vegetarianism (low meat and fat intake) and low-carbohydrate diets(high meat and fat intake) have proven to be successful. Why is that? One reason I believe is that they try to eliminate poor quality foods and focus on the eating the healthiest ones. Regardless of what type of diet you prefer, if you follow ❸ **the simple guidelines below** you will do okay.

The foods you should avoid :
* Overly processed grains (white flour, white bread, white rice, breakfast cereal, crackers, etc.)
* Sugar and sweets (candy, cookies, desserts, soda, etc.)
* Pasteurized and homogenized milk
* Processed vegetable oils
* Hydrogenated vegetable oils (margarine and shortening)

패턴과 어휘

- be compatible with   ~와 공존하다
- do okay   제대로 하다, 잘 하다
- eliminate + 명   ~을 제거하다
- homogenize + 명   균질화하다, 동질화하다
- hydrogenate + 명   수소분자를 넣다
- pasteurize + 명   저온살균하다

것이 더 옳은지에 관해 거칠어진다. 나는 이 책에서 어떤 특별한 식단을 추천하려고 시도하려는 것이 아니다. 내가 하고자 하는 것은 거의 어떤 이러한 식단들과도 공존할 수 있는 일반적인 권고들을 하는 것이다. 당신이 모든 식단들을 볼 때, 사람들이 그것들 대부분으로 부터 득을 보았다는 사실을 발견한다. 심지어 채식주의(저육류, 저지방 섭취)와 저탄수화물식단(고육류, 고지방섭취)와 같은 정반대로 보이는 것들도 성공적으로 판명되었다. 왜 일까? 내가 믿는 한 가지 이유는 그것들이 나쁜 질의 음식들은 제거하고 가장 건강한 것들을 먹는 것에 초점을 맞추려고 노력한다는 것이다. 당신이 선호하는 식이요법의 종류와 무관하게, 만일 당신이 **아래의 단순한 지침**을 따른다면 당신은 제대로 하게 될 것이다.

당신이 피해야 하는 음식들 :

* 과하게 가공된 곡물들(흰 밀가루, 흰 빵, 백미, 아침식사용 시리얼, 크래커, 기타 등등)
* 설탕과 단것들(사탕, 쿠키, 디저트, 소다 음료 등등)
* 저온 살균된, 균질화된(지방이 균등하게 분포된) 우유
* 가공된 식물성 기름
* 수소분자가 늘어난 식물성 기름(식물성 경화유인 마가린, 쇼트닝)

구조 해설

1. as to which is more correct : 전치사 as to 의 목적어로 사용된 명사절
2. do is make : 앞에 do 로 끝나는 수식어가 주어를 꾸밀 경우 be 동사 다음에 보어에 to 부정사를 쓸 경우, to 를 빼고 원형부정사를 쓰는 것이 관례
3. the simple guidelines below : 전치사 below 의 목적어가 생략된 형태로 앞의 명사를 수식

012

One cup of elixir won't do
한 잔의 산삼음료가 해결하지 않는다

Coconut Cures | Bruce Fife

The foods you should eat more of :
* Fresh fruits and vegetables

Most of us do not eat nearly enough fresh fruits and vegetables. Studies continually show that fruits and particularly vegetables contain nutrients that ❶ **help protect** us from disease and retard aging. The standard recommendation is that we get at least (a bare minimum) of 5 servings of fruits and vegetables a day. Some researchers are now recommending that ❷ **we get** 9 or more servings a day, mostly vegetables. You should ❸ **not add more food to your diet but replace** the breads, grains, and refined and processed foods with the additional servings of vegetables, ❹ **both raw and cooked.** Vegetables should provide the bulk of your diet, complemented by other healthy foods. If you follow this simple piece of dietary advice, you will have a fairly healthy diet.

I like the quote from noted author and nutritionist Dr. Gabriel Cousens: "With the proper diet, no doctor is necessary. With the improper diet, no doctor can help." If you eat properly when you start using coconut products, you will see rapid improvement. If you don't see improvement, then

패턴과 어휘

- nutritionist   영양학자
- retard + 명, ing   지체시키다, 늦추다
- serving   한 번 먹는 양, 한 번 먹는 일
- quote (명, 타동)   인용하다, 인용

당신이 더 먹어야 하는 음식들 :

* 신선한 과일과 야채

  우리들 대부분은 거의 충분한 과일이나 야채를 먹지 않는다. 연구들은 계속해서, 과일이나 특별한 야채들이 우리를 질병에서 **보호하거나 노화를 늦추는** 것**을 도와주는** 영양소들을 포함한다는 것을 보여준다. 표준적인 권고는 우리가 적어도 (가장 기본적으로 최소한) 하루에 과일과 야채를 5차례 먹어야 한다는 것이다. 어떤 연구자들은 지금 **우리가** 하루에 9차례 혹은 그 이상을 주로 야채를 **먹어야 한다고** 권고하고 있다. 당신은 **더 많은 음식을 당신의 식단에 추가하는 것이 아니라** 빵이나 곡물이나 정제되거나 가공된 음식들을, **날것이든 조리한 것이든**, 추가적인 야채 몇 인분으로 **대체해야 하는 것이다**. 야채들은, 다른 신선 식품들에 의해 보완되어서, 당신 식단의 대부분을 차지해야 한다. 만일 당신이 이러한 단순한 식이요법의 충고를 듣는다면, 당신은 꽤 건강에 좋은 식이요법을 가지게 될 것이다.

  나는 유명 저자이자 영양학자인 Gabriel Cousens박사의 인용구를 좋아한다. "적절한 식이요법과 함께라면 어떤 의사도 필요하지 않다. 부적절한 식이요법으로는, 어떤 의사도 도움이 되지 않는다." 만일 당신이 코코넛 제품을 사용하기 시작할 때 적절하게 먹는다면, 당신은 빠른 향상을 경험하게 될 것이다. 만일 당

구조 해설

1. help protect : help 는 to 부정사를 목적어로 받을 경우, to 를 뺀 원형부정사를 받는 것이 관례
2. we get : 앞에 recommend 동사가 있기 때문에, get 앞에 조동사 should 를 생략함
3. not add more food to your diet but replace : not A but B 구조로 해석할 것
4. both raw and cooked : 부사를 받지 않고 형용사를 받아서 보어적으로 해석

012

One cup of elixir won't do
한 잔의 산삼음료가 해결하지 않는다

Coconut Cures | Bruce Fife

you should re-evaluate your diet. The recommendations above are only basic guidelines. There are many other foods in the diet that do not promote good health. These include: coffee, alcohol, food additives (preservatives, flavor enhancers, dyes, etc.), dehydrated/powdered cheese and eggs, and artificial sweeteners.

패턴과 어휘

- flavor enhancers 　조미료　　　　- preservatives 　방부제

신이 향상되지 않는다면, 당신은 식이요법을 재평가해야 한다. 위에 있는 권고사항들은 단지 기본적인 지침일 뿐이다. 건강을 증진시키지 못하는 식단 속에는 많은 다른 음식들이 있다. 이것들은 커피와 알코올, 음식 첨가제(방부제, 조미료, 색소 등등), 건조된/가루로 된 치즈와 계란, 그리고 인공 감미료를 포함한다.

013

Behavior genetics tells
유전이냐, 환경이냐

Gender, nature, and nurture | Richard A. Lippa

The mathematical methods of behavior genetic studies are often quite complex. However, the basic ideas are easy to grasp if you consider simple examples. Imagine that a researcher studies 100 identical twins, for example, who were ❶ **separated at birth and reared in unrelated families.** Suppose further that the researcher measures these twins on various traits (aggressiveness, masculinity-femininity, intelligence) and determines ❷ **how similar twins are** in these traits. Because the twins are genetically identical but do not share their environments, you would probably agree that if twins are similar to one another, this similarity must be due to genetic factors.

Consider another equally extreme example: when families adopt babies at birth from genetic strangers. After the adopted children grow up, we can measure them and members of their adoptive families on various traits (aggressiveness, masculinity-femininity, intelligence), and we can see ❸ **how similar family members are to one another.** Because adopted children are genetically unrelated to members of their adoptive families, if they are similar to their family members, these similarities must be due ❹ **to shared environments, not to shared** genes.

패턴과 어휘

- adopt + 명사   입양하다, 채택하다
- be due to + 명사, ing   ~탓이다
- behavior genetics   행위유전학
- gene   유전자
- grasp + 명사   쥐다, 파악하다
- identical twins   일란성 쌍둥이들
- masculinity-femininity   남성성, 여성성
- rear (형, 타동)   후방의, 기르다
- trait   특성

행위 유전학에 대한 수학적인 방식들은 종종 꽤 복잡하다. 그러나 만일 단순한 예들을 고려해본다면, 그 기본 개념들은 이해하기 쉽다. 예를 들어서, 한 연구자가 **태어났을 때 헤어져서 관련 없는 집안에서** 양육된 100명의 일란성 쌍둥이들을 연구한다고 가정해 보자. 그 연구자가 다양한 특징들(공격성, 남성성-여성성, 지능)에 대해 이 쌍둥이들을 측정하고 (이 특징들이)**얼마나 비슷한지** 판단한다는 것까지도 가정해보자. 이 쌍둥이들은 유전적으로 동일하지만 그들의 환경은 공유되지 않았기 때문에, 당신은 아마도 만일 쌍둥이들이 서로 비슷하다면, 이 유사성은 유전적인 요인때문일 것임에 틀림없다는 것에 동의할 것이다.

똑같이 극단적 예를 하나 더 들어보자. 가족들이 유전적인 타인으로부터 태어난 아이들을 입양을 할 때, 입양된 아이들이 자란 후에, 우리는 그들과 그들을 입양한 가족 구성원들의 다양한 특징(공격성, 남성성-여성성, 지능)들에 대해 측정해볼 수 있다. 그리고 우리는 **가족 구성원들이 서로 서로에게 얼마나 유사한지** 볼 수 있다. 입양된 아이들이 유전적으로 그들의 입양가족과 관계가 없기 때문에, 만일 그들이 그들의 가족 구성원들과 유사하다면, 이러한 유사점들은 유전적으로 공유되는 것이 아니라, 환경적으로 공유되기 때문임에 틀림없다.

구조 해설

1. separated at birth and reared in unrelated families : 접속사 and 가 연결하는 부분에 주의
2. how similar twins are : how 뒤의 similar 는 twins 를 수식하는 형용사가 아니라 are 의 보어인 형용사
3. how similar family members are to one another : how 뒤의 similar 는 family members 를 수식하는 형용사가 아니라, be similar to 구조에서 나온 보어 형용사
4. to shared environments, not to shared genes. : not A but B = B, not A 구조에서 각각 A = to shared genes, B = to shared environments

014

I forgot my password
비밀번호를 따로 관리하세요

Thirty days to a more powerful memory | Gini G. Scott

Today, everyone has passwords for everything—**① from e-mail to bank accounts to online subscriptions to payment accounts.** And many services advise you to change your password from time to time, so you are better protected.

Some people use the same or a limited number of passwords for everything, and if they change them, they apply these changes to everything with the same password. But this approach doesn't always work, since some companies have different formats for passwords and some may ② **assign you a password** when you sign up. Then there are the really long numbers for registration codes that are ③ **all but impossible** to remember.

A good way to deal with all these passwords is to keep a file handy where you put your passwords—and ④ **just in case**, keep a copy of this file in another safe place. While you may remember some of the commonly used passwords you use everyday, the file is an ideal place to store the passwords you rarely use—or the really long ones that can fry your brain if you struggle to encode them.

패턴과 어휘

- bank accounts 은행계좌
- encode + 명사 ~을 암호화해서 등록하다
- this approach 이런 문제에 대한 접근방법
- online subscriptions 온라인 컨텐츠 구독
- registration codes 등록암호

오늘날, 모든 사람들은 **이메일부터** 은행 계좌, 온라인 구독, 그리고 **지불 계정에까지** 비밀번호를 가지고 있다. 그리고 많은 서비스들이, 당신이 더 잘 보호받기 위하여, 당신에게 때때로 비밀번호를 변경하라고 충고한다.

어떤 사람들은 똑같거나 제한된 수의 비밀번호를 모든 것에 사용한다. 그리고 만일 그들이 그것들을 바꾼다면, 그들은 이러한 변화를 똑같은 비밀번호를 가진 모든 것에 적용한다. 그러나 이러한 접근법은 언제나 효과가 있지는 않다. 왜냐하면 어떤 회사들은 비밀번호들에 색다른 형식을 가지고 있고 일부 회사는, 당신이 가입할 때, **비밀번호를 할당해준다.** 그런데 등록 암호로 외우기가 **거의 불가능한** 정말로 긴 숫자가 있다.

이 모든 비밀번호들을 다루는 좋은 방식은 당신이 비밀번호를 입력하는 곳에서 파일을 편한 상태로 보관하는 것인데, **만약을 위해서** 이 파일의 복사본을 또 다른 안전한 곳에 보관해라. 당신이 매일 사용하는 공통적으로 사용되는 비밀번호 중 몇 개를 기억할지도 모르겠지만, 그 파일은 당신이 거의 사용하지 않는 비밀번호, 혹은 암호화하려고 (기억하려) 했다면, 당신의 뇌를 태워버릴 수 있는 정말로 긴 비밀번호들을 저장하는 이상적인 공간이다.

구조 해설

① from e-mail to bank accounts to online subscriptions to payment accounts : from A to B to C …. → 출발부터 여러 개를 거쳐가는 범주 설정 방식

② assign you a password : assign 동사가 두 개의 목적어를 받음

③ all but impossible : 형용사나 부사 앞에 all but 을 써서 '거의' 라는 의미가 추가됨

④ just in case : '만약의 경우를 대비하여'

015

Have you prepared the prop?
보여줄 옷은 있어도 나눌 이야기가 없어

Talking the Winner's Way | Leil Lowndes

Don't Leave Home Without It. Your Most Important prop. You've ❶ **heard folks whine**, "I can't go to the party, I haven't got a thing to wear." When was the last time you heard, "I can't go to the party, I haven't got a thing to say?"

When going to a gathering with great networking possibilities, you naturally plan your outfit and make sure your shoes will match. And, of course, you must have just the right tie or correct color lipstick. You puff your hair, pack your business cards, and you're off.

Whoa! Wait a minute. Didn't you forget the most important thing? What about the right conversation to enhance your image? Are you actually going to say anything that comes to mind, or ❷ **doesn't**, at the moment? You wouldn't don the first outfit your groping hand hits in the darkened closet, so you shouldn't leave your conversing to the first thought that comes to mind when facing a group of expectant, smiling faces. You will, of course, follow your instincts in conversation. But at least be prepared in case inspiration doesn't hit.

그것 없이는 집을 떠나지 마라. 당신의 가장 중요한 소품(버팀목). 당신은 사람들이 "나는 그 파티 못 가. 나는 입을 게 없어."라고 징징대는 것을 들어 본 적이 있을 것이다. 당신이 "나는 그 파티에 못 가. 나는 할 말이 없어"라고 들어본 마지막 시기가 언제인가?

많은 사람들을 만날 가능성을 가진 모임에 갈 때, 당신은 자연스럽게 당신의 의상을 계획하고 당신의 신발이 어울리는지 확인한다. 그리고 물론, 당신은 알맞은 넥타이를 하고 립스틱 색깔을 수정한다. 당신은 머리카락을 부풀리고, 명함을 챙기고, 출발을 한다.

아! 잠시만! 당신이 가장 중요한 것을 잊지는 않았는가? 당신의 이미지를 향상시킬 적절한 대화는 어떠한가? 당신은, 그 순간에, 머리 속에 떠오르는 어떤 것이든 말할 것인가? **아닌가**? (즉, 떠오르는대로 아무말이나 내뱉을 것인가? 미리 준비한 것을 말할 것인가?) 당신은 어두운 옷장을 더듬는 손에 닿는 첫 번째 의상을 입지 않는다. 따라서 당신은, 한 무리의 기대에 찬 웃는 얼굴들을 대면할 때 머리에 떠오르는 첫 번째 생각에, 당신의 대화를 맡겨두어서는 안 된다. 물론, 당신은 대화에서는 본능에 따를 것이다. 그러나 적어도 영감이 떠오르지 않는 경우에 대비해서 준비해라.

패턴과 어휘

- don (명, 타동) 교수, 두목, (옷, 모자 등을)걸치다, 입다
- folks 사람들, 가족들
- groping hand 더듬는 손
- in case 어떤 경우에 대비하여
- outfit 겉옷 한 벌
- prop 소품, 버팀목, 지주
- puff (명, 자, 타) 연기를 내며 빨다, 내뿜다, 부풀게 하다
- whine (명, 자동) 윙윙대다, 징징대다, 낑낑대다

구조 해설

1. hear + 목적어 + 동사원형 : '목적어가 ~하는 소리를 듣다'
2. doesn't 뒤에 come to mind 가 생략되어 있음

016

Would you stand at the center?
마이클 샌더스 식 토론 가이드 법

BSCS Biology | Biological Sciences Curriculum Study

Keep your personal views out of the discussion. Neutrality on the part of the teacher is ❶ **the key to** a successful discussion of controversial issues. Experts in education recommend that ❷ **teachers withhold** their personal opinions in classroom discussions. The position of the teacher ❸ **carries with it an** authority that might influence some students to accept the teacher's opinion without question—thus missing the point of the activity. There also is a danger that the discussion could develop into an indoctrination of a particular value position rather than an exploration of several positions. If your students ask what you think, respond with "My personal opinion is not important here. We want to consider your views." Make sure you consider alternative points of view, so that your students are able to define the relevant arguments and counter arguments. Allow students to freely express alternative points of view.

패턴과 어휘

- alternative points of view   대안적 견해
- authority   당국, 권위
- controversial issues   논쟁 거리
- define   정의하다
- develop into   ~로 발전하다
- indoctrination   사상 주입
- neutrality   중립성
- relevant arguments and counter argument   주제에 적절한 주장과 반대 주장
- withhold + 명사   참다, 유보하다

토론으로부터 개인적인 견해를 제쳐 두어라. 선생님의 역할에서 중립성은 논쟁적인 문제들의 성공적인 토론에 있어서 핵심이다. 교육전문가들은 선생님들이 교실 토론에서 개인적인 의견들을 보류해야 한다고 권고한다. 선생님의 지위는, 어떤 학생들이, 결과적으로 토론 활동의 핵심을 놓치면서, 선생님의 의견을 의심 없이 받아들이도록 영향을 주는, 권위를 수반하게 된다 . 또한 그 토론이, 여러 가지 입장들에 대한 탐구라기보다는, 특정한 가치 입장의 주입으로 발전될 수 있는 위험이 있다. 만일 당신의 학생들이 당신이 무슨 생각을 하는지 묻는다면 "나의 개인적인 의견은 여기서는 중요하지 않아. 우리는 너의 견해를 생각해 보고 싶어"라고 반응해라. 학생들이 적절한 논쟁과 반박논쟁을 정의할 수 있도록, 반드시 대안적인 견해를 고려하라. 학생들이 자유롭게 대안적인 견해를 표현하도록 허락하라.

구조 해설

1. the key to : 전치사 to 이므로 뒤에 명사를 받는다
2. teachers withhold : withhold 앞에 recommend 와 호응하는 조동사 should 생략
3. carries with it an authority : 타동사 carries 의 목적어는 an authority 이며, 뒤에 수식어가 붙어서 타동사의 목적어가 길어지므로, 전치사와 그 목적어인 부사구를 삽입시켰다.

017

Conflicts can strenthen a relationship
갈등으로 더 좋아지는 관계

The Pursuit of Perfect | Tal Ben-Shahar

Conflicts, like positive acts, can strengthen a relationship. ❶ **Think of daily conflicts as** a form of vaccine. When we inoculate against a disease, we are in fact injecting a weakened strain of the disease into the body, which is then stimulated to develop the antibodies that enable it to deal with more major assaults later on. Likewise, minor conflicts help our relationship develop defense capabilities; they immunize the relationship and subsequently help partners deal with major conflicts when they arise.

There are ❷ **parallels between** a conflict-free relationship and an overprotected baby. A newborn baby who is placed in a sterilized environment for a year will be less resilient and more vulnerable later on in life than one who has been living in the "dirty" real-world environment. Children who grow up on farms and are exposed to more dirt and germs than their more urban counterparts develop stronger immune systems and are less likely to have allergies and asthma later in life. Failures, conflicts, and hardships are important for cultivating resilience, both physically and psychologically. As couples continue to have conflicts—alongside positive interactions—they build up the immune system of their relationship.

긍정적인 행위들처럼, 갈등도 관계를 강화시킬 수 있다. **매일의 갈등을** 일종의 **백신**처럼 **생각해봐라**. 우리가 질병을 예방하려고 주사를 맞을 때, 우리는 사실상 질병의 약화된 균주를 몸에 주입하는 것인데, 그러면 몸은 나중에 더 주요한 공격에 대처할 수 있는 항체를 발달시키도록 자극 받는다. 이와 같이, 사소한 갈등들은 우리의 인간관계가 방어 능력을 발전시키도록 돕는다. 그리고 그것들은 관계에 면역력을 주며 그 결과 파트너들이, 주요한 갈등이 생길 때, 그 갈등들에 대처하게 돕는다.

갈등이 없는 관계와 과잉 보호받는 어린이 **사이에 아주 유사한 점들**이 있다. 일년 동안 살균된 환경에 놓인 신생아들은, "더러운" 실제 환경에서 살아 온 아이보다, 나중에 인생에서 회복력이 떨어지고 더 약하다. 농장에서 자라서, 좀 더 도회적인 지역의 아이들보다, 더 많은 흙과 세균에 노출된 아이들이 더 강한 면역 체계를 발달시키며 나중에 삶에서 알레르기나 천식을 가질 가능성이 더 낮다. 실패, 갈등, 곤경은, 육체적으로나 정신적으로 둘 다, 회복력을 배양하기 위해 중요하다. 커플들이 긍정적인 상호작용과 함께 갈등을 계속 가질 때, 그들은 그들 관계의 면역체계를 형성하게 된다.

패턴과 어휘

- antibodies   항체들
- asthma   천식
- germs   세균
- immunize + 명사   면역력을 주다
- inject + 명사   주사 놓다, 주입하다
- inoculate against + 명사
  ~에 대해 접종하다
- major assults   주요한 공격
- positive interactions   긍정적 상호작용
- resilient   (형) 회복력이 있는
- sterilized environment   살균된 환경
- strengthen + 명사   ~을 강화시키다
- subsequently (부사)   결과적으로
- vulnerable   취약한
  (보통 뒤에 전치사 to와 함께 '-에 취약한')
- weakened strain
  약화된 형태의 계통, 혈통, 종류

구조 해설

1. Think of daily conflicts as : think of A as B 구조
2. parallels between : '둘 사이의 유사성', '평행성'

018

Fun people can give fun awards
창의적 의견과 창의적 칭찬

301 ways to have fun at work | Dave Hemsath

Southwest Airlines is ❶ **so proud of its star employees that** it lets the whole world know. Each year their most recognized employees win the Heroes of the Heart Award. The winners' names appear on a banner ❷ **painted across a red heart** on the nose of an airplane for one year.

A West Coast restaurant wanted to create a graphic design for an upcoming advertising campaign. Instead of hiring a professional artist, they encouraged their own employees to submit drawings. What made this really fun was that all the entries had to be submitted ❸ **using** the crayons and "butcher paper" that they use as table covers. The entire staff had a wonderful time creating a drawing that best symbolized the atmosphere of the restaurant. The winning entry was not only used for advertising but also proudly framed and displayed in the restaurant for all to see.

Instead of giving plaques or certificates for ❹ **jobs well done**, the fun people at Optimal-Care, Inc., give humorous awards that relate specifically to the achievement being recognized. For example, one employee received a very large spider with "5,000" painted on its back to represent that she recorded the 5,000th "bug" or enhancement suggestion for the particular product.

Southwest 항공사는 **자신들의 유명한 직원들을 매우 자랑스러워해서** 온 세상에 그 사실을 알린다. 매년 가장 인정받는 직원들은 Heroes of the Heart Award 상을 받는다. 그 수상자의 이름은, 일 년 동안 비행기 맨 앞쪽의 코 위에 **빨간 하트 문양을 가로질러서 칠해진**, 광고 띠에 등장한다.

　　한 서해안의 식당은 다가오는 홍보 선전을 위해 그래픽 디자인을 만들고 싶었다. 전문적인 기술자를 고용하는 대신에, 그들은 그들 자신의 직원들이 도안들을 제출하게 장려했다. 이것을 정말로 재미있게 만든 것은 모든 참가작은 크레용과 그들이 식탁보로 사용하는 "고기포장 용지"를 **사용해서** 제출되어야 했다는 것이다. 전 직원들은, 그 식당의 분위기를 가장 잘 상징하는 그림을 만들면서, 멋진 시간을 보냈다. 입선작은 광고로 사용되었을 뿐 아니라 자랑스럽게 액자화 되어 모든 사람이 볼 수 있도록 전시되었다.

　　훌륭하게 수행된 일에 대해 명판이나 상장을 주는 것 대신에, Optimal-Care 사에서는 재미있는 사람들이 특별히 인정받는 업적과 연결된 유머 상을 수여한다. 예를 들자면 한 직원은, 특별한 상품에 대해 발전 방안을 제출했다는 것을 5000번째 bug를 기록**했다고 하여**, 등에 "5,000"이라고 적힌 아주 큰 거미를 받았다.

패턴과 어휘

- a banner　현수막, 광고용 깃발, 띠
- achievement　업적, 성취
- butcher paper　정육포장지
- certificate　증명서
- enhancement suggestion　강화방안
- plaque　명판
- represent +명사, that 절　대변하다, 나타내다

구조 해설

1. so proud of its star employees that : so 형용사, 부사… that 절 구조
2. painted across a red heart : 과거분사의 수동후치수식어구
3. using : 분사구문으로 수단을 나타내는 부대상황, by using 로 써도 무방
4. jobs well done : 명사 + 수동후치수식분사구

019

See medical history of the injured
외상환자의 치료에 앞서서

Medicine for mountaineering
& Other wilderness activities | James A. Wilkerson

Individuals with traumatic injuries may have respiratory impairment or severe bleeding that ❶ **must be cared for immediately**(Chapter 3: Life-Threatening Problems). After these emergencies have received attention, however, the care provider must pause and essentially, start from the beginning. An account of the accident and the time and circumstances ❷ **in which it occurred** should be obtained. Frequently the nature of the accident provides clues to injuries that should be anticipated. If the person is unconscious, witnesses ❸ **must be asked whether** unconsciousness caused the accident or resulted from the accident. Witnesses and companions also should be asked whether the individual had any preexisting medical conditions that may have contributed to the accident or that may require treatment.

패턴과 어휘

- anticipate + 명사, 명사절 예상하다
- account   원인, 묘사, 계정
- care provider   보살필 제공자
- circumstances   상황
- clue   단서
- contributed to + 명사, ~ing 기여하다
- nature   본질, 본성
- preexisting medical conditions 이전에 존재하던 병력
- respiratory impairment   호흡기 장애
- should be obtained   획득되어져야 한다
- severe bleeding   심한 출혈
- traumatic injuries   외과적 부상

심한 외상을 가진 개인들은 즉시 치료받아야만 하는 호흡기 장애나 심각한 출혈을 겪을 수도 있다(3장 생명을 위협하는 문제들). 그러나 이러한 응급 상황들이 처치된 후에, 그 처치를 담당하는 사람은 필히 잠시 멈추었다가, (실질적으로는)처음부터 시작해야 한다. 그리고 그 사고가 발생한 시간과 정황에 대한 묘사가 확보되어야 한다. 종종 그 사고의 본질은 예상되는 부상에 대한 단서를 제공한다. 만일 부상자가 의식이 없다면, 그 사건의 목격자들에게 의식을 잃은 것이 그 사고를 일으켰는지 혹은 사고가 의식상실을 초래했는지가 질문되어야 한다. 목격자들과 동행자들에게 그 부상자가 그 사고에 기여했거나 치료를 요할지도 모르는 예전부터 존재하는 병력을 가지고 있었는지의 여부도 질문되어야 한다.

구조 해설

❶ must be cared for immediately : care for 를 수동화한 것이다.

❷ in which it occurred : 선행사가 circumstances 이므로 in which 가 적절하다.

❸ must be asked whether 절 : '~인지 아닌지 질문받다'

020

Do not find faults only
저는 장점이란 없는 사람인가요

Seven simple secrets | Annette L. Breaux

As teachers, we've been trained to identify problems, diagnose what's causing the problems, and then find solutions to those problems. That's a good thing, unless, of course, you focus solely on problems. You then become one of the bitter teachers we discussed in Part 4 (page 102) of this chapter. ❶ **The fact remains that** teachers tend to be better at identifying what's wrong with students than they are at identifying what's right.

Do you ❷ **remember taking** courses in college about identifying learning and/or behavior problems, along with learning techniques to address those problems? We all took those courses, and they were necessary and useful. But do you remember taking courses about identifying good behavior and student success and techniques for fostering those behaviors and successes? No, you do not remember taking those courses, because, sadly, those courses are not offered. However, the most effective teachers, ❸ **despite not having taken** such courses, are adept at finding what's good in every student. They constantly identify and encourage good behavior in students, which, of course, guarantees even more good behavior.

패턴과 어휘

- address those problems 문제들에 대처하다	- foster + 명사	양육하다
	- solely (부사)	유일하게
- are adept at ~에 능하다	- solutions to + 명사, ing	~에 대한 해결책
- diagnose + 명사 진단하다		

교사로서 우리는 문제를 밝히고, 무엇이 문제를 일으켰는지 진단하고, 그 문제들에 대한 해결책들을 찾으라고 훈련받아 왔습니다. 그것은 물론, 만일 당신이 단지 문제에만 초점을 맞추지 않는다면, 좋은 것입니다. 그러면 당신은 이 챕터의 4부에서 논의했던 가장 비참한 선생님들 중의 한 명이 됩니다(102페이지). 선생님들은, 학생들이 무엇에서 잘하는지 보다, 무엇이 잘못되었는지를 확인하는 것에 더 뛰어난 경향이 있다는 사실이 남아 있습니다.

　당신은 학습장애 그리고(혹은) 행동장애를 확인하는 것에 관한 강의를, 이러한 문제들을 다루는 교수법(가르치는 기술)과 함께, 들었던 것을 기억합니까? 우리 모두는 이러한 강의를 들었고, 그것들은 필수적이고 쓸모 있습니다. 그러나 당신은 훌륭한 행위와 학생들의 성공, 그리고 이러한 행위와 성공들을 육성하는 기술을 확인하는 것에 대한 강의를 들었던 기억이 나십니까? 아닙니다. 당신은 그러한 강의를 들었던 것을 기억하지 못합니다. 왜냐하면 슬프게도, 이러한 강의들은 제공이 되지 않습니다. 그러나 가장 능력있는 선생님들은, 이러한 강의들을 들은 적이 없을지라도, 모든 학생들에게서 좋은 점을 찾아내는데에 능숙합니다. 그들은 학생들 안에서 좋은 행위를 계속 식별하고 장려하는데, 물론 그것은 좋은 행위를 더 많이 보장합니다.

구조 해설

❶ The fact remains that : the fact 뒤에서 동격의 that 절

❷ remember taking : remember + ing → '과거의 사실을 기억하다.'

❸ despite not having taken : 전치사 despite + not having pp 완료동명사

021

HAL 9000
A.C. Clarke 이 보여주었던 A.I.

What have you changed your mind about?
| John Brockman

I have not soured on AI. I still believe we can create very intelligent machines. But I no longer believe that those machines will be like us. Perhaps ❶ **it was the movies that led us to believe** we would have intelligent robots as companions. (I was certainly influenced by Kubrick's 2001). Certainly most AI researchers believed that creating machines that were our intellectual equals or better was a real possibility. Early AI workers sought out ❷ **intelligent behaviors to focus on**—like chess or problem solving—and tried to build machines that could equal human beings in those endeavors. While this was an understandable approach, it was, in retrospect, wrongheaded. Chess playing is not really a typical intelligent human activity. Only some of us are good at it, and it seems to entail a level of cognitive processing that, while impressive, seems quite at odds with what makes humans smart. Chess players are methodical planners. Human beings are not.

패턴과 어휘

- at odds with   ~와 갈등하여, 대립하여
- cognitive processing   인지적 과정
- endeavor (동, 명) + to V
  ~하려고 노력하다, 노력
- entail (타동사)   ~을 수반하다
- methodical   (형) 방법적인

- retrospect (명)
  회고, in retrospect-, 돌이켜보면
- sour   (형, 동) 신, 신 맛이 나는, 상한,
  시어지다, 성질이 바뀌다 + on
- wrongheaded
  (형) 잘못 생각한, 외고집의

나는 AI에 관해서 관심을 잃지 않았다. 나는 여전히 우리가 아주 지능 있는 기계들을 만들 수 있다고 믿는다. 그러나 나는 더 이상 이러한 기계들이 우리와 같을 것이라고 믿지는 않는다. 아마도 친구 같은 지능 있는 로봇을 가지게 될 것이라고 **우리를 믿게 한 것은 영화들일 것이다.** (나는 확실히 Kubrick's 2001에 영향을 받았다). 확실히 대부분의 AI연구자들은 우리의 지능과 동일하거나 더 나을 수 있는 기계들을 만드는 것이 정말 가능하다고 믿었다. 초기 AI연구자들은 체스를 두거나 문제해결을 하는 것처럼 **지능적인 행위에 초점을 맞추는 것**을 추구했으며, 그러한 노력 행위 속에서 인간과 같을 수 있는 기계들을 만들려고 애썼다. 이것은 이해할만한 접근법이었지만, 돌이켜보면 잘못된 생각이었다. 체스 게임은 정말로 전형적인 인간의 지적 활동은 아니다. 단지 우리 중 일부만이 그것에 능하다. 그리고 그것은 인상적이기는 하지만, 인간을 똑똑하게 만드는 것과는 상당히 동떨어진 일정수준의 인지 과정을 수반하는 것처럼 보인다. 체스 게임을 하는 사람들은 체계적인 계획자들이다. 인간들은 그렇지 못하다.

· Stanley Kubrick (1928-1999) : 미국의 영화감독.
대표작 2001 a space odyssey. 1968년 Arthur Clarke 의 동명 원작을 영화로 만든 작품으로 영화사에 한 획을 긋는 걸작으로 평가받고 있다. 원작에서 HAL(IBM컴퓨터사의 첫 글자의 바로 앞 알파벳으로 조합되었다는 이야기가 있다) 이라는 컴퓨터가 인공지능을 갖춘 당시 최고의 컴퓨터로 묘사되어진다. 컴퓨터와 인간의 갈등에 대한 선지적 예언서였던 원작을 당시의 영화 제작 환경 하에서 최고로 구현했으며 후에 많은 감독들에게 미래 영화의 모티브를 제공하였다.

구조 해설

❶ it was the movies that led us to believe : it be 주어 that 술어…. 의 강조 구조
❷ intelligent behaviors to focus on : 뒤의 부정사에서 전치사 on 의 목적어가 앞 명사

022

Be open and accepting
피드백은 승자들의 아침식사

Create your own future | Brian Tracy

You probably know the answer to that question as soon as you hear it. What is your personal answer to this question? If you don't know the answer, go and ask the other people around you. Remember, "Feedback is the breakfast of champions." It is virtually impossible for you to get better without getting honest, candid feedback from others who can view your performance from the outside and tell you what they see.

If you are in sales, ask your sales manager ❶ **if there is any skill area** where you are weak. Have your sales manager or someone else ❷ **accompany you** on sales calls and sit quietly to observe you in action. Afterwards, ask him if he has any recommendations for you to help you be more effective. Whatever he tells you to do, give it a try at the first opportunity. Sometimes, just one small change in ❸ **the way you do your work** can bring about a tremendous improvement in results.

If you are in management, ask your boss, and even your staff members, if they can see anything ❹ **you could do differently that would enable you to do your job better**. Whatever they say, resolve to be open and accepting. Resist the urge to defend and make excuses. Instead, ask questions like, "For example?" When they give you an example, say, "Tell me more," and just listen patiently.

패턴과 어휘

- candid (형) 솔직한
- defend (동) 방어하다
- feedback (명) 반응 의견
- tremendous (형) 엄청난
- urge (명, 동) 충동, ~에게 촉구하다

당신은 아마도 그것을 듣자마자 그 질문에 대한 대답을 알 것이다. 이 질문에 대한 당신의 개인적인 대답은 무엇인가? 만일 당신이 그 답을 알지 못한다면, 당신 주변의 다른 사람에게 가서 질문하라. "피드백은 승자의 아침이다"라는 말을 기억해라. 당신의 행위를 외부에서 보고 당신에게 그들이 본 것을 말해주는 다른 이들로부터의 솔직하고, 정직한 피드백을 얻지 않고 당신이 더 나아진다는 것은 사실상 불가능하다.

만일 당신이 영업(판매)부서에 있다면, 당신의 영업부 상사에게 당신이 취약한 **능력 분야가 있는지를** 물어 보아라. 영업부 상사나 다른 누군가를 당신의 영업용 전화 통화 행위에 **참관시켜서** 조용히 앉아서 당신의 행위를 관찰하게 하라. 그 후에, 그에게 당신이 더 효율적이 될 수 있도록 도와주기 위하여 그가 어떤 권고들을 당신에게 줄 수 있는지를 물어보라. 그가 당신에게 무엇을 하라고 하던지 간에, 처음에 오는 기회에서 그것을 시도해보라. 때때로, **당신의 업무 방식에서** 사소한 변화도 결과에 있어서 굉장한 향상을 초래할 수 있다.

만일 당신이 관리부에 있다면, 상사나, 심지어 부하 직원에게, **당신이 다르게 하여 당신의 일을 더 잘 하도록 능력을 줄 수 있는** 어떤 것을 그들이 볼 수 있는지 물어보아라. 그들이 뭐라고 말하던 간에, 열려있고 수용적이어야 한다고 결심해라. 방어하고 변명을 하려는 충동에 저항하라. 그 대신에 "예를 들면요?"와 같은 질문을 해라. 그들이 당신에게 예를 들어주면 "더 말해주세요,"라고 말하고 단지 인내하며 경청하라.

구조 해설

1. if there is any skill area : ask 동사의 목적어절 [~인지 아닌지]
2. accompany you : 앞의 have 동사의 원형부정사 목적보어
3. the way you do your work : 선행명사 way 와 관계사절
4. you could do differently that would enable you to do your job better : could 와 would 는 각각 differently 를 가정하여 결과로 얻는 것이므로 조동사의 과거형을 쓴다.

Other obligations at this time?
더 이상 빚지지 마세요

The McGraw-Hill handbook of business letters
| Roy W. Poe

Dear Mr. Moran: Thank you for supplying the credit information I asked for. I ❶ **wish I could say**, "Yes, we'll be pleased to have you as a credit customer." However, on the basis of the information I have received about the condition of your business and the comments of those whom you owe, I must give you a reluctant no at the moment. We truly believe that ❷ **it would not be wise for you to take on other obligations** at this time.

I say "at this time" because I am hopeful that things will improve for you. If so, please write me again when your financial picture has changed. In the meantime, I hope you will find it possible to order from us on a cash basis. We are proud of both our products and our services, and will do everything possible to see that you get what you want when you want it.

Cordially yours,

패턴과 어휘

- comment (명, 동)	논평, 논평하다	- on the basis of	~를 기반으로 하여
- credit customer	신용 거래 고객	- owe + 명사 (사람, 액수)	
- in the meantime	그러는 동안, 한편		~에 빚지다, ~를 빚지다
- obligation	채무, 책임	- reluctant no	마지못해 하는 거절

Moran씨에게. 제가 요청한 신용 정보를 제공해 주셔서 감사합니다. 제가 "그래요, 우리가 당신을 신용거래 고객으로 모시게 되어 기쁠 것입니다"라고 말할 수 있다면 좋겠습니다. 하지만, 당신의 사업 상태와 당신의 채권자들이 제공한 평가에 기반하여, 저는 지금은 원치 않는 불가판정을 드리게 되었습니다. 우리는 진실로 **당신이** 이 시기에 **다른 채무들**을 떠안게 되는 것이 현명하지 않을 것이라고 생각합니다.

저는 "이 시기에"라고 말합니다. 왜냐하면 저는 상황이 당신에게 나아지기를 바라기 때문입니다. 만일 그렇다면, 당신의 재정적 상황이 바뀌었을 때 다시 저에게 편지를 써 주세요. 한편, 저는 당신이 우리들에게 현금을 기반으로 주문하는 것이 가능하다는 것을 발견하기를 바랍니다. 우리는 우리의 상품과 서비스 둘 다를 자랑스럽게 여기며, 당신이 그것을 원할 때 원하는 것을 얻는 것을 보기 위하여 가능한 모든 것을 할 것입니다.

진심을 담아,

구조 해설

❶ wish I could say : wish 가 뒤에서 가정법 절을 받아서 시제가 과거인 could

❷ it would not be wise for you to take on other obligations : to 부정사 이하가 가정되었기 때문에 조동사의 시제가 과거인 would

024

Hope has healing power
희망이 모든 것을 가능케 합니다

Emotional intelligence,
why it can matter more than IQ & | Daniel Goleman

As with depression, there are medical costs to pessimism—and corresponding benefits from optimism. For example, 122 men who had their first heart attack were evaluated on their degree of optimism or pessimism. Eight years later, ❶ **of the 25** most pessimistic men, 21 had died; of the 25 most optimistic, just 6 had died. Their mental outlook proved a better predictor of survival than any medical risk factor, including the amount of damage to the heart in the first attack, artery blockage, cholesterol level, or blood pressure. And in other research, patients going into artery bypass surgery who were more optimistic had a much faster recovery and fewer medical complications during and after surgery ❷ **than did more pessimistic patients.**

Like its near cousin optimism, hope has healing power. People who have a great deal of hopefulness are, understandably, better able to bear up under trying circumstances, including medical difficulties. In a study of people paralyzed from spinal injuries, those who had more

---

패턴과 어휘

- artery blockage   동맥경화로 인한 혈류의 차단
- artery bypass surgery 동맥 우회 수술
- attack (명, 타동)   공격, 증세의 갑작스런 등장, 공격하다
- depression (명)   우울함
- medical complications 합병증
- optimism (명)   낙관주의
- outlook (명)   전망, 태도, 견해
- pessimism (명)   비관주의
- spinal injury   척추부상
- trying circumstances   가혹한 상황

우울증을 가지고 있을 때처럼, 비관주의에 대한 의학적인 비용이 있고, 낙관주의로부터는 그에 상응하는 이익이 있다. 예를 들자면, 첫 번째 심장발작을 일으켰던 122 명의 사람들이 그들의 낙관주의 혹은 비관주의의 정도를 평가받았다. 8년 후에, 25명의 가장 비관적인 사람들 가운데 21명이 죽었다. 25명의 낙관주의자들 가운데 단지 6명이 죽었다. 첫 번째 발작에서의 심장에 대한 손상과, 동맥 장애, 콜레스테롤 수위 혹은 혈압을 포함하는 어떤 다른 의학적 위험 요소보다도 환자들의 정신적 가치관이 생존의 더 나은 예측 변수로 증명되었다. 그리고 다른 연구에서, 동맥 우회 수술을 받은 환자들 중 더 낙관적인 사람들이 **더 비관적인 환자들보다** 수술 동안 그리고 수술 후에 훨씬 더 빠른 회복을 했으며 더 적은 의학적 합병증을 얻었다.

　가까운 사촌인 낙관주의처럼, 희망도 치료하는 힘을 가진다. 많은 희망을 가진 사람들은 당연하게도 의학적인 문제들을 포함해서 괴로운 상황들을 더 잘 견딜 수 있다. 척추 손상으로 마비된 사람들에 대한 연구에서, 더 많은 희망을 가졌던

구조 해설

❶ As with depression : as + 전치사 + 목적어 : 상황주어와 be 동사를 생략한 형태

❷ of the 25 : of + 숫자, 분모의 역할을 함, 몇 개에서, 몇 개로부터

❸ than did more pessimistic patients : than 뒤가 의문문 구조로 도치되었음.

024

Hope has healing power
희망이 모든 것을 가능케 합니다

Emotional intelligence,
why it can matter more than IQ & | Daniel Goleman

hope were able to gain greater levels of physical mobility compared to other patients with similar degrees of injury, but who felt less hopeful. ❶ **Hope is especially telling in paralysis from spinal injury**, since this medical tragedy typically involves a man who is paralyzed in his twenties by an accident and ❷ **will remain so** for the rest of his life. How he reacts emotionally will have broad consequences for the ❸ **degree to which he will make the efforts** that might bring him greater physical and social functioning.

패턴과 어휘

- physical mobility 신체적 운동능력

사람들은 비슷한 정도의 부상인데 덜 희망적이었던 사람들과 비교해 볼 때 더 높은 수준으로 신체적인 활동성을 얻을 수 있었다. **희망은 특별히 척추 부상으로 온 마비속에서 효과이다.** 왜냐하면 이 의학적인 비극은 사고로 20대에 마비되고 남은 인생을 **그렇게 있어야 하는** 사람들을 전형적으로 포함하기 때문이다. 그가 감정적으로 어떻게 반응하는가는 그에게 더 큰 신체적, 사회적인 기능을 가져다 줄 **노력을 그가 어느 정도까지 해야 하는가**에 대해 상당히 광범위한 영향력을 갖게 될 것이다.

구조 해설

1. Hope is especially telling in paralysis from spinal injury : tell 동사는 '영향력을 발휘하다, 진가를 인정받다' 라는 자동사의 의미
2. will remain so : so 가 앞의 형용사를 받은 대명사이고 remain 은 '유지하다'
3. degree to which he will make the efforts : degree 를 선행사로 받는 관계사절은 to which 로 시작되는 경우가 많다. 왜냐하면 [어느 정도까지] 라는 의미로 수식을 하기 때문에 한계점을 설정하는 전치사 to 가 자주 등장한다.

025

Writing in a state of constant vigilance
마음 가는대로 적어보세요

Writing with power | Peter Elbow

Many teachers have a commitment to quality that takes the form of always pushing away bad writing. If teachers work hard at this goal—and manage not to discourage or alienate their students—they can succeed. But think of the price. Their students end up writing in a state of constant vigilance. We are often told to drive defensively: assume that there's ❶ **a driver you don't notice who is careless or drunk and may kill you**. Good advice for driving, but not for writing. Too many students write as though every sentence they write might be criticized for a fault they didn't notice. Defensive writing means not risking: not risking complicated thoughts or language, not risking half-understood ideas, not risking language that has the resonance that comes from being close to the bone. Students can get rid of badness if they avoid these risks, but they don't have much chance of true excellence unless they take them. Getting rid of badness doesn't lead to excellence.

패턴과 어휘

- alienate + 명사   ~를 소외시키다
- be close to the bone   가난하다, 노골적이다
- constant vigilance   끊임없는 경계
- end up + ing   결국 ~하게 되다
- have a commitment to + 명사, ing   ~에 헌신, 전념하다
- push away + 명사   ~를 밀어내다
- resonance   공명, 반향

많은 선생님들이, 나쁜 글을 늘 밀어내는 형식을 취하는 고품질에 대해 전념한다. 만일 선생님들이 이 목표에 열심이고, 그들의 학생들을 그럭저럭 낙담시키지 않거나 소외시키지 않는다면, 그들은 성공적인 것이다. 그러나 그 대가를 생각해보라. 그들의 학생들은 결국 계속적인 경계 상태에서 글을 쓴다. 우리는 종종 방어적으로 운전하라고 듣곤 한다. **부주의하거나 술에 취해있거나 당신을 죽일지도 모르는, 그런데 당신은 알아채지 못 하는 운전자**가 있다고 가정해보자. 운전에는 이런 좋은 충고가 있지만(방어적으로 하라는), 글쓰기에는 그런 것은 없다. 너무 많은 학생들이 마치 그들이 쓰는 모든 문장들이 그들이 알아채지 못했던 잘못으로 인해 비판 받을지 모르는 것처럼(조심스럽게) 글을 쓴다. 방어적인 글쓰기는 위험을 감수하지 않는 것을 의미한다. 즉, 복잡한 사고나 언어의 위험을 감수하지 않고, 다 이해하지 못한 개념들의 위험을 감수하지 않고, 노골적인 것으로부터 오는 반향을 가진 언어의 위험을 감수하지 않는다. 학생들은 만일 그들이 이러한 위험들을 피한다면 나쁜 점을 제거할 수 있을 것이다. 그러나 그들이 그것들(위험들)을 감수하지 않는 한 진정한 탁월성의 기회를 갖지 못 한다. 나쁜 것을 제거하는 것이 탁월성으로 이끌어주지는 않는다.

구조 해설

❶ a driver you don't notice who is careless or drunk and may kill you : 연속된 관계사절로, 목적격 관계사절 후에 이어진 주격 관계사절

026 You did what you did wrong
남 탓으로 점철된 인생

Being a happy Teenager | Andrew Matthews

If you say, "I know I am failing history. It's my teacher's fault." Is it likely your marks will get better?

If you say, "I know why I have no money. My boss doesn't pay me enough!" Will that help? Is it likely you will ever save money?

While we blame other people, we usually do little to fix the situation. So we keep the problem.

Fred says, "I haven't got any friends. Nobody understands me!" That's avoiding responsibility. While Fred blames everyone else, he'll have a lot of lonely Saturday nights.

Mary says, "I know I'm miserable. It's my mother's fault." That's a recipe for more misery. Blaming your mother doesn't help.

Whenever you fail at something, ask yourself, "Was I partly responsible for this? How can I make sure this doesn't happen again?" There are questions successful people ask themselves.

패턴과 어휘

- fail + 과목   ~에서 낙제하다

만약 당신이 "나는 역사수업에 낙제할 것을 안다. 그것은 내 선생의 잘못이다" 라고 말하면 당신의 점수가 더 나아질 가능성이 큰가?

만일 당신이 "나는 왜 돈이 없는지 알아. 내 사장이 나에게 충분히 지불하지 않아."라고 말하면 그것이 도움이 될까? 당신이 돈을 모을 가능성이 큰가?

우리가 타인들을 비난하는 동안, 우리는 상황을 바로 잡을 일을 대개는 거의 하지 않는다. 그래서 우리는 문제를 유지시키는 것이다.

Fred는 말한다. "나는 친구가 없다. 누구도 나를 이해하지 않는다." 그것은 책임을 회피하는 것이다. 프레드가 다른 모든 사람을 탓하는 동안, 그는 많은 외로운 토요일 밤들을 갖게 될 것이다.

Mary는 말한다. "나는 비참한 것을 알고 있다. 그것은 어머니의 잘못이다." 그것은 더 큰 비참함을 만들어내는 방법이다. 어머니를 탓하는 것은 도움이 되지 않는다.

당신이 무엇인가에서 실패할 때마다, 자문하라. "내가 이것에 부분적으로 책임이 있지 않나? 어떻게 이것이 다시 일어나지 않도록 확실하게 할 수 있을까?" 성공한 사람들이 스스로에게 묻는 질문들이 있는 법이다.

027

Assisting citizens is key role
정권의 지팡이가 아니라 시민의 지팡이

Juvenile justice | Preston Elrod

The role of police in contemporary society is complex and often characterized by conflict. Some scholars who have studied the police argue that the police role is comprised of three basic functions: law enforcement, service, and order maintenance.

The law enforcement role of the police is directed toward the detection, apprehension, and prevention of illegal behavior, and the collection of evidence that can be used in the prosecution of cases in court. Police efforts to enforce legal statutes, including traffic, juvenile, and criminal codes as well as investigating crimes, chasing and arresting suspects, transporting suspects to jail, enforcing traffic laws, engaging in routine patrol, and appearing in court are all examples of the law enforcement role performed by the police.

The service role of the police encompasses efforts by the police to assist citizens in a variety of ways. Indeed, police play a central role in providing a range of services to members of the community who, because of personal, financial, economic, social, or other circumstances, need assistance. Service activities include assisting motorists with stalled vehicles, giving directions to motorists and others, providing various types of information to citizens, giving first aid to injured or ill people, escorting ambulances or fire trucks, responding to the needs of people with mental health problems, and providing a variety of other services to

현대 사회에서 경찰의 역할은 복잡하고 종종 갈등에 의해 특징지어진다. 경찰을 연구해온 어떤 학자들은 경찰의 역할이 세 가지 기본적인 기능으로 구성된다고 주장한다. 그것은 법 집행, 봉사, 그리고 질서유지이다.

경찰의 법 집행 역할은 수사, 체포 그리고 불법적인 행위의 방지, 그리고 법정에서 사건들의 기소에 사용될 증거의 수집으로 방향이 설정된다. 범죄를 조사하고, 용의자를 추적 및 체포하고, 피의자를 감옥에 이송하고, 교통법규를 집행하고, 일상적인 순찰을 하고 법정에 출두하는 것뿐만 아니라 교통, 청소년 그리고 범죄 법규를 포함해서 법적인 명령들을 집행하려는 경찰의 노력들은 경찰에 의해서 수행되는 법집행 역할의 좋은 본보기들이다.

경찰의 봉사 역할은 경찰이 다양한 방식으로 시민들을 도와주려는 노력을 동반한다. 정말로, 경찰은 개인적, 재정적, 경제적, 사회적, 그리고 다른 상황들 때문에 도움을 필요로 하는 사회구성원들에게 폭넓은 서비스를 제공하는데 중심적 역할을 한다. 서비스 활동들은 멈추어선(고장 등의 이유로) 자동차를 가진 운전자들을 도와주는 것, 운전자들이나 다른 사람들에게 방향을 알려주는 것, 시민들에게 다양한 종류의 정보를 제공하는 것, 부상당하거나 아픈 이들에게 응급처치를 하는 것, 앰뷸런스나 소방 트럭들을 호위하는 것, 정신적 문제가 있는 사람들의 요구사항들에 응답하는 것, 그리고 대중들에게 다양한 다른 서비스들을

패턴과 어휘

- apprehension   체포
- be comprised of   ~로 구성되다
- detection   수사
- encompass + 명사   ~을 둘러싸다
- first aid   응급처치
- juvenile   청소년의
- law enforcement   법 집행
- legal statute   법령
- prosecution of cases   사건의 기소
- routine patrol   일상적 순찰
- stalled vehicle   고장 등으로 정지된 차량

027

Assisting citizens is key role
정권의 지팡이가 아니라 시민의 지팡이

Juvenile justice | Preston Elrod

members of the public. The order maintenance role of the police encompasses their efforts to intervene in situations that threaten to disturb the peace or that involve face-to-face conflicts between two or more individuals. Examples of order maintenance include resolving a dispute between a tenant and a landlord or between a store clerk and a customer, dealing with a noisy drunk, and responding to a group of rowdy college students at a fraternity party. Drunkenness and rowdiness are behaviors disapproved of by some members of the public, and those who disapprove of these behaviors often ask the police to control or stop them.

패턴과 어휘

- a tenant and landlord   세입자와 집주인
- disapprove of   ~를 반대하다, 지탄하다
- fraternity party   사교파티
- intervene in   ~에 중재하다
- rowdy   난폭한, 소란스러운

제공하는 것을 포함한다. 경찰의 질서 유지 역할은 평화를 훼방할 만큼 위협적이거나 두 명 혹은 그 이상의 사람들 사이에서 생기는 갈등들을 포함하는 상황을 중재하려는 노력을 수반한다. 질서유지의 예들은 임차인과 집주인 사이의 혹은 가게 점원과 고객 사이의 갈등을 해결하는 것, 시끄러운 취객을 다루는 것, 그리고 사교클럽의 파티에서 소동을 벌이는 대학생 그룹에 대응하는 것을 포함한다. 주사를 부리는 것과 소란을 피우는 것은 사람들 중 일부에 의해 지탄받는 행위들이며, 이러한 행위들을 지탄하는 사람들은 보통 경찰에게 그들을 통제하거나 제지해달라고 부탁한다.

028

Make more personal touches
인간적 교감이 친구를 만듭니다

Motivate Like a CEO | Suzanne Bates

A personal touch in any form of communication makes the most positive, lasting impact. An "old fashioned" handwritten note or ❶ (**heaven forbid!**) a phone call instead of an e-mail will make a powerful impression. Matt Davis, of Dow Chemical, says, "We find that Andrew, the CEO, makes the biggest impact when he writes a note or picks up the phone. It's such a personal touch, and so unexpected."

Davis does it too. "When an employee who doesn't report directly to me received a significant promotion and her boss let me know, I immediately picked up the phone to say congratulations. It's unusual for her to hear from me, and you could hear it in her voice. She was just delighted that I had called," Davis says. The point of all this is to connect people with you and make them feel like they are important to you. This is so important to motivating your organization. "These things stick with people," says Davis. "They'll say, 'My leader cares, and I will follow him or her up whatever hill they take me on.'"

패턴과 어휘

- hear from   ~로부터 소식을 듣다   - report directly to + 명사   ~에게 직보하다
- stick with   ~에게 들러붙어 있다, 떠나지 않다

의사소통의 어떤 형태에서든 직접적인 인간적 교감은 가장 긍정적이고 지속적인 영향을 준다. "구식의"손으로 쓴 메모나 (**절대 그럴 리가 없지만**) 이메일 대신에 전화 통화가 강력한 인상을 줄 것이다. Dow Chemical사의 Matt David는 "우리는 CEO인 Andrew가 짧은 편지를 써주거나 전화를 걸어줄 때 가장 큰 영향을 준다는 사실을 발견한다. 그것은 매우 직접적인 인간적 교감이며, 예기치 못한 것이다."고 말한다.

　　Davis도 역시 그렇게 한다. "나에게 직접 보고를 하지 않는(나의 직속부하가 아닌) 한 직원이 의미있는 승진을 했는데 그녀의 상사가 나에게 알려주어서, 나는 즉시 전화를 들어서 축하한다고 말했다. 그녀가 나로부터 어떤 말을 듣는 것은 흔하지 않았으며, 당신은 그녀의 목소리에서 그 사실을 알 수 있을 것이다. 그녀는 단지 내가 전화했다는 것에 즐거워했다."고 Davis는 말했다. 이 모든 것의 요점은 사람들을 당신과 연결하라는 것이며 그들이 당신에게 중요하다고 느끼게 만들라는 것이다. 이것은 당신의 조직에 동기를 부여하는 데 아주 중요하다. Davis는, "이러한 것들은 사람들에게 오래 남는다." 라고 말했다. "그들은 '나의 사장님이 관심을 표명하니 그들이 어떤 산으로 나를 데려가든지 간에 나는 그 분을 따라야겠다.'고 말할 것이다."

구조 해설

① heaven forbid : 명령문의 일종으로 god forbid 라고 하기도 하며, 그 자체로 쓰면 감탄문적으로 해석되어 '어떤 사실이 절대로 일어나지 않을 것 같다' 라는 의미이다. 뒤에 절을 달아서 쓰면 heaven forbid that 주어 + should + 동사…. 의 구조로 써서 '어떤 사실을 하늘이 막거나 신이 막는다' 라는 의미가 되어, 역시 일어나지 않을 일을 말한다. 이 경우 should 를 생략할 수 있다.

029

When things come too easily
부유한 자의 후손이었다면 가능했겠는가

Don't know much about the Universe | Kenneth C. Davis

How did the Greeks get so smart? Most of us learned about the heights of Greek civilization ❶ **back in school**. They told you it was the birthplace of western civilization about 2,500 years ago. All of this Greek science that flourished for a period from about 600B.C. to the time of the first century A.D. - the beauty of their achievements in math and science -are only a fraction of an era that has been called the "Greek miracle." Centuries ago, the Greeks reached a pinnacle of achievement in government, science, philosophy and sculpture, poetry and drama. They invented the writing of history, and western theater. But what the school books never really explained was how a small group of goat herders and olive farmers built one of the most extraordinary cultures in human history.

They had less wealth and land than the Egyptians or Babylonians. They lacked large numbers. Then what prompted this revolution, particularly in science? Some historians and anthropologists contend that virtually every culture, ❷ **if left to** its own devices, would eventually discover

---

패턴과 어휘

- anthropologist   인류학자
- contend that 절   ~라고 주장하다
- extraordinary   (형) 특별한
- flourish (자동)
  번성하다, 타동사일 경우 '~를 휘두르다'
- a fraction of era   시대의 작은 부분
- goat herders   염소몰이꾼
- one's own device
  자신의 고안, 자신의 방식, 자신의 생각
- pinnacle   첨탑, 꼭대기, 절정
- prompt + 명사   촉발시키다

어떻게 그리스인들은 그렇게 똑똑하게 되었는가? 우리들 대부분은 **학교에서** 그리스 문명의 절정에 대하여 배웠다. 사람들은 당신에게 그리스 문명이 약 2,500년 전에 서구 문명의 탄생지였다고 말했다. 기원 전 600년 경 부터 기원 후 첫 세기의 시기까지 번성했던 그리스 과학의 모든 것 즉, 수학과 과학에서 이룬 업적의 아름다움은 "그리스의 기적"이라고 불려온 시기의 작은 한 부분일 뿐이다. 몇 세기 전에 그리스인들은 정부, 과학, 철학, 조각, 시 그리고 드라마에 있어서 성취의 정점에 도달했다. 그들은 역사의 서술과 서구식 극장을 고안했다. 그러나 교과서들이 결코 설명할 수 없었던 것은 그 작은 집단의 염소지기들과 올리브 농사꾼들이 인간 역사 속에서 가장 비범한 문명들 중 하나를 어떻게 건설해냈는가 이다.

 그들은 이집트인들이나 바빌로니아인들보다 더 적은 재산과 토지를 가지고 있었다. 그들은 다수가 아니었다. 그렇다면 무엇이 특별히 과학에서 이러한 혁명을 촉발시켰는가? 어떤 역사가들과 인류학자들은, 사실상 모든 문화가 자체적으로 **내버려 두어진다면**, 결국은 과학을 발견할 것이라고 주장한다. 이것은, 만

구조 해설

❶ back in school : 학창시절을 말할 때 과거라는 것을 강조하기 위해 back 첨가 가능

❷ if left to : 주어와 be 동사가 생략된 구조 leave A to B 에서 수동 후 생략

029

When things come too easily
부유한 자의 후손이었다면 가능했겠는가

Don't know much about the Universe | Kenneth C. Davis

science. This is the old argument that says, if you give enough monkeys enough typewriters, they will eventually produce the complete works of William Shakespeare. Maybe, but we wouldn't want to wait for that. ❶ **Certainly with a bigger head start**, the Babylonians and Egyptians did not accomplish what the Greeks did.

One explanation is that the very wealth and relative ease of life for the Egyptians held them back. They had no incentive to innovate.

It's the historical and cultural equivalent of "no pain, no gain." When you don't have to work hard to make a living, when things come too easily, you get lazy. Life on rocky, small Greece, a loose collection of minor cities struggling to eke out an existence, was far tougher. As Carl Sagan wrote in Cosmos, "Some of the brilliant Ionian thinkers were the sons of sailors and farmers and weavers. They were accustomed to poking and fixing, unlike priests and scribes of other nations, who, raised in luxury, were reluctant to dirty their hands." They rejected superstition, and they ❷ **worked wonders.** This is the necessity-is-the-mother-of-invention

패턴과 어휘

- be accustomed to + 명사, ing ~에 익숙해지다
- dirty + 목적어명사 ~를 더럽히다
- eke out 부족한 것을 잡아늘이다, + an existence = 근근이 살아나가다
- equivalent 등가물
- hold back 뒤에서 붙들다, 저지하다
- incentive 유인책, 동기
- poke + 명사 찌르다, 내밀다
- scribes 글을 문서로 옮겨 적는 사람들
- weavers 직조공

일 당신이 충분한 수의 원숭이들에게 충분한 수의 타자기를 준다면, 그들이 결국은 William Shakespeare의 완결된 작품들을 만들어 낼 수 있을 것이라고 말하는 식의 낡은 주장이다. 그 말이 맞을지도 모른다. 그러나 우리는 그것을 위해 기다리기를 원하지 않는다. **확실히 좀 더 유리한 출발을 했음에도 불구하고**, 바빌로니아인들과 이집트인들은 그리스인들이 했던 것을 성취하지 못했다.

한 가지 해명은 이집트인들의 바로 그 부와 상대적인 안락한 삶이 그들을 저지했을 것이라는 점이다. 그들은 개혁해야 할 동기가 없었다.

그것은 "고통이 없으면 얻는 것도 없다"라는 말의 역사적이고 문화적인 등가물이다(같은 표현이다). 당신이 생계를 유지하기 위하여 열심히 일 할 필요가 없을 때, 상황이 너무 편할 때, 당신은 게을러진다. 생존을 간신히 유지하기 위해 애쓰던 느슨한 소도시연합체였던 바위투성이의 작은 그리스에서의 삶은, 훨씬 힘들었다. Carl Sagan이 Cosmos에서 썼듯이, "훌륭한 이오니아의 사상가들은 항해사들과 직공들의 아들들이었다. 사치스럽게 자라서 자신들의 손을 더럽히기 꺼려하는 다른 나라의 성직자들이나 필경사(글을 써서 서적을 만드는 일을 하는 사람)들과는 다르게, 그들은 찔러 보고 고쳐보는 일에 익숙해져 있었다." 그들은 미신을 거부했고, **기적을 만들었다**. 이것은 역사에 대한 '필요는 발명의

·Carl Sagan (1934-1996) : 미국의 천문학자. 대표적 저술로 우주의 생성에 관한 책인 cosmos가 있음

구조 해설

❶ Certainly with a bigger head start : 뒤의 문맥과 함께 양보적 해석(무상관적 해석)

❷ worked wonders : work 의 타동사 용법으로, 무엇인가를 '만들어내다' 라는 의미

029

When things come too easily
부유한 자의 후손이었다면 가능했겠는가

Don't know much about the Universe | Kenneth C. Davis

approach to history and it is a valid one.

    Another key was the ocean. With poor land and sparse rainfall, the Greeks were forced to turn to the Mediterranean. Unlike Egypt, which was tied to the Nile, or Babylon, where life was circumscribed by the Tigris and Euphrates Rivers, the Greeks were forced to reach outward for survival.

    While trade was important to both of those earlier ancient civilizations, for the Greeks ❶ **it was** a form of economic survival that became a way of life. Trade is not only profitable, but it increases the exchange of ideas. The Greeks built a Mediterranean trading empire that was one key to their commercial success.

    Once you don't have to struggle to eat, there is time to think. The Greeks became a great trading and military sea power, for the same reason England and Japan would later become empires - all three small island nations with limited natural resources, forced to reach out to the world through trade.

    For the Greeks, those contacts enriched the traders and provided new ideas.

패턴과 어휘

- circumscribe + 명사
  ~를 둘러싸서 가두다
- enrich + 명사 ~를 풍요롭게 하다
- sparse (형) 듬성듬성한
- turn to + 명사
  ~쪽으로 방향을 선회하다, -에게 의존하다

어머니'식의, 지금도 효과적인 접근법이다.

　또 다른 핵심은 바다였다. 척박한 땅과 아주 희박한 강우로, 그리스인들은 지중해에 의존하도록 강요당했다. 나일강에 묶여있던 이집트나, 티그리스 강과 유프라테스강에 의해 삶이 국한된 바빌론과 다르게, 그리스인들은 생존을 위해 밖으로 뻗어나가도록 강요받았다.

　무역이 그 두 개의 초기 고대 문명들(이집트와 바빌론) 둘 다에게 중요했지만 그리스인들에게 그것은 삶의 방식이 되었던 경제적인 생존 형태였다. 무역은 이익이 될 뿐 아니라 생각의 교류를 증가시키기도 한다. 그리스인들은 그들의 상업적인 성공의 핵심이 되었던 지중해 무역 왕국을 건설했다.

　일단 당신이 먹기 위해 분투할 필요가 없다면, 생각할 시간이 있다. 그리스 인들은 거대한 무역과 군사 해상 강국이 되었는데, 같은 이유로 영국과 일본도 제국이 되었다. 즉, 세계가 모두 제한된 천연자원을 가진, 그래서 무역을 통해 세계로 뻗어나가도록 강요받은 작은 섬나라들이었다. 그리스인들에게 이러한 접촉은 무역 상인들을 부유하게 만들었고, 새로운 생각들을 제공했다.

·티그리스 유프라테스 강 유역은 고대 메소포타미아 문명의 발원지로 알려져 있음.

구조 해설

❶ it was : 강조구문이 아니라 it 은 앞에 있는 명사 trade 를 대신 받았음

030 You must have a hidden talent
사랑과 인내가 만든 기적

Healing the eight stages of life | Matthew Linn

Not only I but even the most handicapped person can develop hidden gifts in an atmosphere of love. One dramatic example of this is Leslie Lemke. Leslie was born in 1952, with cerebral palsy and severe mental retardation. His eyes became infected and had to be removed, leaving him blind. Leslie's parents abandoned him in the hospital when he was six months old. The hospital personnel expected him to die. They asked foster parents May and Joe Lemke if they would take Leslie home and care for him until he died. The Lemkes agreed to take Leslie home, but said, "No one comes to our house to die!"

May and Joe kept Leslie alive. But for nine years he never responded to them in any way and never even moved a muscle on his own. May and Joe continued to love Leslie, holding him, talking to him and praying for him. At nine years old, he moved one hand for the first time. After that, Leslie gradually learned to walk by pulling himself along the back fence. But he was still so uncoordinated that he could not even feed himself.

When Leslie was twelve, May and Joe began to pray, "Lord, everyone has a special gift. Give Leslie a special gift too." Soon after that, they noticed that when Leslie heard music,

패턴과 어휘

- cerebral palsy 뇌성마비
- foster parents 양부모
- mental retardation 정신지체
- uncoordinated 협조가 이루어지지 않은, 통합적으로 기능하지 않는

나뿐만 아니라 가장 심한 장애자들도 사랑의 환경 속에서는 숨겨진 재능을 개발할 수 있다. 이것의 한 극적인 예는 Leslie Lemke 이다. Leslie는 뇌성마비와 심각한 정신지체를 가지고 1952년에 태어났다. 그의 눈은 감염되어서 제거되어야 했고, 그를 시각장애로 만들었다. Leslie의 부모님들은 그가 6개월이 되었을 때 병원에서 그를 포기했다. 그 병원의 직원들은 그가 죽을 줄 알았다. 그들은 양부모인 May와 Joe Lemke에게 Leslie를 집으로 데려가서 죽을 때까지 돌봐줄 수 있는지 물었다. Lemke는 Leslie를 집에 데려가기로 동의했지만, "아닙니다. 아무도 우리 집에 죽으러 올 수는 없습니다."라고 말했다.

　May와 Joe는 Leslie의 생명을 유지시켰다. 그러나 9년 동안 그는 그들에게 결코 어떤 식으로든 반응하지 않았고 심지어 그 스스로도 근육 하나조차 움직이지 않았다. May와 Joe는 계속 Leslie를 사랑했으며, 그를 안아주고 그에게 말하고 그를 위해 기도했다. 9살 때 그는 처음으로 한 손을 움직였다. 그 후에, Leslie는 집 뒤의 울타리를 잡고 자신을 잡아당기면서 걷는 것을 서서히 배워나갔다. 그러나 그는 여전히 균형 잡힌 동작을 할 수 없어서 심지어 스스로 먹지도 못 했다.

　Leslie가 12살이었을 때, May와 Joe는 "주님, 모든 사람은 특별한 재능을 가지고 있습니다. Leslie에게도 특별한 재능을 주세요."라고 기도하기 시작했다. 그 후에 곧 그들은 Leslie가 음악을 들었을 때, 그가 그의 손가락을 **마치 박자를**

030

You must have a hidden talent
사랑과 인내가 만든 기적

Healing the eight stages of life | Matthew Linn

he ❶ **would move** his fingers ❷ **as if trying to** keep time with it. Since he seemed to like music, they decided to buy a piano. May would hold Leslie next to her on the piano bench with one hand and play simple tunes with the other. As she sang, she held her cheek next to Leslie's, hoping he might somehow learn that his mouth could make sounds.

One night when Leslie was sixteen, the Lemkes had been watching "Liberace" on television. After everyone had gone to bed, May woke up and heard music. She thought perhaps someone had left the television on. When May went downstairs to check, she saw Leslie at the piano. He was playing Tschaikovsky's First Piano Concerto (theme song for "Liberace") and playing it perfectly. His fingers raced over the keys as gracefully as the most skilled pianist. Yet when he finished, he could not even sit up on the piano bench by himself.

May and Joe soon learned that Leslie could play any song he heard after hearing it only once. Leslie had still never spoken a word, but when he was nineteen he suddenly began singing . . . a Frank Sinatra song! Now Leslie could sing as well as play any song, after hearing it only once. Leslie began to give benefit concerts(for the "less fortunate"), and his parents traveled with him. May would speak to audiences

패턴과 어휘

- benefit concert   자선 음악회

맞추듯이 **움직이곤 하는** 것을 알아챘다. 그가 음악을 좋아하는 것 같았기 때문에, 그들은 피아노를 사기로 결정했다. May는 Leslie를 피아노 의자 위에서 한 손으로 옆에다 붙들고 다른 손으로는 단순한 곡조를 연주하곤 했다. 그녀가 노래했을 때, 그의 입이 소리를 만들어낼 수 있다는 것을 그가 혹시라도 알 수 있지 않을까 라고 희망하면서, 그녀는 그녀의 뺨을 Leslie의 뺨에 대었다.

  Leslie가 16살이 된 어느 날, Lemke부부는 텔레비전에서 "Liberace"를 시청하고 있었다. 모든 사람이 잠자리에 든 후에, May는 깨서 음악소리를 들었다. 그녀는 아마도 누군가가 텔레비전을 켠 채로 둔 것이라고 생각했다. May가 확인하기 위하여 아래층에 내려갔을 때, 그녀는 Leslie가 피아노에 있는 것을 보았다. 그는 Tchaikovsky의 First Piano Concerto ("Liberace"의 주제가)를 연주하고 있었으며 그것을 완벽하게 연주했다. 그의 손가락은 건반 위를 가장 노련한 피아니스트들만큼 우아하게 질주하고 있었다. 그러나 그가 끝마쳤을 때, 그는 스스로 피아노 의자 위에 앉아 있을 수도 없었다.

  May와 Joe는 곧 Leslie가 단 한 번만 들은 후에도 자신이 들었던 어떤 노래든지 연주할 수 있다는 것을 알았다. Leslie는 여전히 한 마디도 못 했다. 그러나 그가 19살이 되었을 때 그는 갑자기 노래하기 시작했는데…… Frank Sinatra의 노래였다! 이제 Leslie는 노래를 단 한 번만 들으면, 연주할 뿐 아니라 부를 수도 있었다. Leslie는 ("상대적으로 불행한 이들"을 위해서) 자선 음악회를 열기 시작했고, 그의 부모들은 그와 함께 여행했다. May는 청중들에게 가장 장애가 심

구조 해설

1. would move : 과거의 불규칙적 습관의 용법
2. as if ing : '~하고 있는 듯이' / as if to R = '~하려는 듯이'

030 You must have a hidden talent
사랑과 인내가 만든 기적

Healing the eight stages of life | Matthew Linn

about the power of love and prayer to bring forth hidden gifts in even the most handicapped person. When asked by a psychiatrist how she could explain Leslie's remarkable gift for music, May said, "I always treated him like a normal person . . . like a person who had potential."

패턴과 어휘

- bring forth   끄집어내다, 내놓다   - psychiatrist   신경정신과 의사

각한 사람에게서 조차 숨겨진 재능을 끌어내는 사랑과 기도의 힘에 대해 말하곤 했다. 한 신경정신과 의사로부터 그녀가 음악에 대한 Leslie의 뛰어난 재능을 어떻게 이해할 수 있었는지 질문을 받을 때, May는 "나는 언제나 그를 평범한, 잠재력을 가진 사람처럼 대했다."라고 말했다.

· Pyotr Ilyich Tchaikovsky (1840-1893) : 러시아의 대표적 작곡가. 교향곡, 협주곡, 발레곡, 기악곡, 등 고전음악의 모든 영역에서 불후의 명작들을 남긴 작곡가. 사망 원인은 자살과 타살의 석연치 않은 궁금증을 낳고 있다. 피아노 협주곡 1번은 베토벤, 그리그, 라흐마니노프, 쇼팽 등의 피아노 협주곡과 함께 최고로 칭송받는 곡이다.

031

Outback, I've never been there
호주, 가본 적도 없습니다

Understanding global cultures | Martin J. Gannon

Robert Basham, CEO and one of the three founders of the very successful Outback Steakhouse restaurant chain in the United States, is among the many U.S. business executives capitalizing on the fascination surrounding Australia. After many years in the industry, he and his two partners came to believe that successful restaurants frequently fail because the most competent cooks and waiters quit due to overwork resulting from having to serve both lunch and dinner. Hence a good part of their initial business strategy revolved around serving only dinner, ❶ **just as important, however, was branding** the image of the new restaurant in the minds of potential customers. They did so by naming the chain "Outback Steakhouse" and marketing and advertising extensively with this theme, even though they had never visited Australia ❷ **until sometime after** the chain was founded. Later they expanded the simple menu to include a taste of New Orleans cuisine, thus differentiating Outback Steakhouse from competitors, but they have successfully continued to emphasize the Australian theme.

패턴과 어휘

- capitalize on   ~을 이용하다
- cuisine   요리, 요리법
- differentiate A from B
  A를 B로부터 구별시키다
- emphasize + 명사, ing   강조하다
- hence (접속부사)   앞의 사실에 의해서 그 결과로서,
  그러므로, 그리하여

미국에서 아주 성공한 Outback 스테이크하우스 식당 체인의 최고 경영자이면서 세 설립자들 중 한 사람인, Robert Basham은 호주를 둘러싼 매력을 이용하는 많은 미국의 사업 경영자들 중 한 사람이다. 그 업계에서 몇 년을 보낸 후에, 그와 그의 두 동업자들은 가장 유능한 요리사들과 웨이터들이 점심과 저녁식사 둘 다를 제공해야하는 것으로부터 야기된 과로로 인해 그만두기 때문에 성공적인 식당들이 흔히 실패한다고 믿게 되었다. 그 결과, 그들의 초기 사업 전략의 대부분은 저녁 식사만 제공하는 것에 집중되었지만, 잠재적인 고객들의 마음속에 새 식당의 이미지를 강하게 새기는 것도 그만큼 중요했다. 그 체인이 설립된 후 얼마의 시간이 지날 때 까지 그들은 호주를 방문해본 적이 없었지만, 그 체인을 아웃백 스테이크하우스라고 이름 짓고 이 내용을 널리 광고함으로써 그들은 그렇게 했다(소비자 마음속에 브랜드를 새겨 넣었다). 나중에 그들은 단순한 메뉴를 확장해서 뉴올리언즈의 맛을 포함시켰으며, 아웃백 스테이크하우스를 경쟁사들과 차별화했다. 그러나 그들은 호주와 관련된 주제를 성공적으로 계속해서 강조해 오고 있다.

구조 해설

1. just as important, however, was branding : 정상어순은 branding… was as impotant (as serving only dinner)

2. until sometime after : '~이후 얼마간 시간이 지날 때 까지'

032

It is genetically engineered
유전자 조작 약품의 위험성

Ethical issues in biotechnology | Richard Sherlock

Genetically engineered products clearly have the potential to ❶ **be toxic and a threat to human health**. In 1989 a genetically engineered brand of L-tryptophan, a common dietary supplement, killed 37 Americans and permanently disabled or afflicted more than 5,000 others with a potentially fatal and painful blood disorder, eosinophilia myalgia syndrome (EMS), before it was recalled by the Food and Drug Administration. The manufacturer, Showa Denko, Japan's third largest chemical company, ❷ **had for the first time in 1988-89** used GE bacteria to produce the over-the-counter supplement. It is believed that the bacteria somehow became contaminated during the recombinant DNA process. Showa Denko has already paid out over $2billion in damages to EMS victims.

패턴과 어휘

- afflict + 명사   고통을 주다
- dietary supplement   식단보충제
- disable + 명사   불구로 만들다
- Food and Drug Administration
  식약청
- genetically engineered product
  유전자 조작 상품
- over-the-counter
  처방전 없이 바로 거래 가능한
- recombinant process   재조합 과정
- toxic   독, 독성

유전자 조작 제품들은 독성을 띨, 그리고 인간의 건강에 위협이 될 가능성을 명백히 가지고 있다. 1989년에, 흔한 영양 보충제인 L-tryptophan의 유전자 변형 제품이, 미 식품 의약청에 의해 회수되기 전까지, 37명의 미국인들을 죽이고 또 다른 5천 명 이상을 영구장애로 만들거나 EMS(호산구 증가 근육통 증후군) 라고 하는 잠재적으로 치명적이고 고통스런 혈액질환의 고통을 받게 했다. 일본에서 세 번째로 규모가 큰 제약 회사로, 그 제품을 제조한 Showa Denko사는, 처방전 없이 살 수 있는 그 보충제를 생산하기 위해 **1988년부터 1989년 사이에 처음으로** 유전자가 조작된 미생물을 사용했다. 그 박테리아는 DNA 재조합 과정 중에 어떤 방식으로든 오염된 것으로 믿어진다. Showa Denko사는 혈액장애(EMS) 희생자들에게 이미 20억 달러 이상을 보상금으로 지불했다.

구조 해설

① be toxic and a threat to human health : 등위접속사가 연결하는 두 부분

② had for the first time in 1988-89 used : had used 라는 과거완료 사이에 전치사가 이끄는 부사구가 삽입됨

033

It does more good than harm
견과를 두려워 마세요

30 Minutes to Mealtime | Joanna M. Lund,

When a recipe calls for nuts, is there a part of you that thinks, "Oh, no, nuts are fattening, I'll make this dish but leave them out"? Don't let those old, incorrect beliefs persuade you to "censor" my healthy recipes, or you'll be losing out on solid nutrition! Nuts are very nutritious, providing protein and many essential vitamins, such as A and E. and minerals, such as phosphorus and potassium, as well as needed fiber. Walnuts also contain valuable omega-3 fatty acids—the same ones you find in fish—as well as sterols, a plant compound linked to lowering cholesterol. Some research shows that walnuts may even offer some protection against cancer. So—go ahead, enjoy nuts in reasonable amounts, and remember that their tasty crunch is good for you!

패턴과 어휘

- call for + 명사   요구하다
- censor   검열하다
- crunch
  씹어서 부서뜨리다, 소리내며 밟다,
  깨물어 부수기, 부수는 소리, 밟기
- fattening   살이 찌게하는
- fatty acid   지방산
- leave out + 명사   빠뜨리다, 배제하다
- lose out on   ~를 잃어버리다
- phosphorus   인
- potassium   칼륨
- recipe   요리, 요리법
- solid   실속있는
- nutrition   영양

조리법이 견과를 요구하면, "아, 안 돼. 견과는 살이 찌게 해. 이 요리를 만들겠지만, 견과는 뺄 거야."라고 생각하는 부분이 생기는가? 이런 낡고, 정확하지 않은 믿음들이 건강에 좋은 조리법을 "검열하도록" 여러분을 설득하지 않도록 하라. 그렇지 않으면 여러분은 실속 있는 영양을 잃을 것이다! 견과는 영양이 매우 많으며, 필수 섬유소뿐만 아니라, 비타민 A, E와 같은 많은 필수 비타민과 단백질, 그리고 인과 칼륨 같은 광물질을 제공한다. 호두는 또한, 콜레스테롤을 낮추는 것과 연관된 식물복합체인 스테롤들뿐만 아니라, 어류에서 당신이 발견하는 것과 같은, 귀중한 오메가3 지방산을 함유하고 있다. 어떠한 연구들은 호두가 아마도 심지어 암에 대한 예방도 제공할 수도 있다는 사실을 보여주기도 한다. 그러므로 적당한 양의 견과류를 어서 즐겨라. 그리고 그것들의 맛있게 아사삭거리며 부서지는 식감이 당신에게 좋다는 것을 기억하라!

034

We sometimes need comparisons
이건 비교해야 해

The Paradox of Choice | Barry Schwartz

Of all the sources we rely on when we evaluate experiences, perhaps nothing is more important than comparisons to other people. Our answer to the "How am I doing?" question depends on our own past experiences, aspirations, and expectations, but the question is virtually never asked or answered in a social vacuum. "How am I doing?" almost always carries "compared to others" in parentheses.

Social comparison provides information that helps people evaluate experiences. Many experiences are ❶ **ambiguous enough that** we aren't completely sure ❷ **what to make of them.** Is a B+ a good grade on an exam? Is your marriage going well? Is there reason to worry because your teenage son is into head-banging music? Are you sufficiently valued at work? Although it is possible to derive approximate answers to questions like these without looking around at others, approximate answers aren't good enough. Looking at others permits the fine-tuning of assessments. This fine-tuning, in turn, helps people decide whether some sort of action is called for.

패턴과 어휘

- assessment 평가
- be into 어디에 빠져 있다
- parenthesis 괄호 (복수는 parentheses)
- social vacuum
  사회적 진공. 즉, 주변에 아무도 없는 상태

우리가 경험들을 평가할 때, 우리가 의존하는 모든 단서들 가운데서, 아마도 타인들과의 비교보다 더 중요한 것은 없을듯 하다. "내가 어떻게 하고 있을까?"라는 질문에 대한 우리의 답은 우리 자신의 과거의 경험, 열망, 그리고 기대에 달려 있지만, 그 의구심은 사회적인 공백 상태에서 질문되어지거나 답해지는 것은 실질적으로 결코 아니다. "내가 어떻게 하고 있을까?"는 거의 항상 괄호 속에 있는(즉 숨겨진 상태로 존재하는) "다른 사람들과 비교해서"라는 어구를 가지고 있다.

사회적 비교는 사람들이 경험을 평가하는 것을 돕는 정보를 제공한다. 많은 경험들은 우리가 **그것들로부터 무엇을 만들어야 할지** 완전히 확신하지 못할 정도로 아주 모호하다. B+는 시험에서 좋은 점수일까? 당신의 결혼 생활은 잘 진행되고 있는가? 당신의 십대 아들이 머리를 심하게 흔들어 대는 음악에 빠져 있으니까 걱정할 이유가 있는 것인가? 당신은 직장에서 충분히 높이 평가를 받고 있는가? 이러한 질문들에 대한 대략적인 답을 이끌어 내는 것은 가능하다. 비록 주변에 있는 다른 사람들을 둘러보지 않고도 이러한 질문들에 대한 대략적인 답들을 이끌어내는 것이 가능함에도 불구하고, 대략적인 답들은 충분치는 않다. 다른 사람들을 쳐다보는 것이 평가에 대한 미세한 조정을 허용해 준다. 그 결과, 이러한 미세한 조정은 어떤 종류의 행동이 요구되는지 아닌지를 사람들이 결정하게 도와준다.

구조 해설

1. ambiguous enough that : so 형, 부 that 절 = 형, 부 enough that 절
2. what to make of them : make A of B 구조에서 A 가 what 으로 나가있음

035

Sorry, I wanted to look consistent
믿고 싶은 것만 믿게 되네요

Readings in managerial psychology | Harold J. Leavitt

A study done by a pair of Canadian psychologists uncovered something fascinating about people at the racetrack: Just after placing a bet, they are much more confident of their horse's chances of winning than they are immediately before laying down that bet. Of course, nothing about the horse's chances actually shifts; it's the same horse, on the same track, in the same field; but in the minds of those bettors, its prospects improve significantly once that ticket is purchased. ❶ **Although a bit puzzling** at first glance, the reason for the dramatic change has to do with a common weapon of social influence. Like the other weapons of influence, this one lies deep within us, directing our actions with quiet power. It is, quite simply, our nearly obsessive desire to be (and to appear) consistent with what we have already done. Once we have made a choice or taken a stand, we will encounter personal and interpersonal pressures to behave consistently with that commitment. Those pressures will cause us to respond in ways that justify our earlier decision.

패턴과 어휘

- be consistent with	~와 일관되다	- place a bet	돈을 걸다
- have to do with	~와 관련이 있다	- prospect	기대, 전망, 예상
- obsessive	강박적인	- take a stand	입장을 취하다

두 명의 캐나다의 심리학자들에 의해 실시된 한 연구는 경마장에 있는 사람들에 관한 아주 재미있는 사실을 발견해냈다. 즉, **돈을 건** 직후에, 사람들은 돈을 걸기 직전보다 자신들의 말이 우승할 승산에 대해 훨씬 더 확신을 갖는다는 것이다. 물론, 말의 승산에 관해서 실제로 변한 건 아무것도 없다. 똑같은 말에, 똑같은 트랙에, 똑같은 경기장이지만 내기를 건 사람들의 생각에는 일단, (내기를 하기 위한) 마권이 구입되면 **기대감**이 상당히 커진다. **비록** 처음 보기에는 **다소 혼돈스러우나**, 그런 극적인 변화에 대한 이유는 사회적 영향력이라는 일반적 무기**와 관련이 있다**. 영향력의 다른 무기들처럼, 그것은 조용한 힘으로 우리들의 행동을 제어하며, 우리 내부 깊숙이 존재한다. 아주 간단하게 말하자면, 그것은 우리가 이미 했던 일**에 대하여 일관되고자** 하는(그리고 그렇게 보이려고 하는) 거의 강박관념에 가까운 욕망이다. 일단 우리가 어떤 선택을 했거나 어떤 입장을 취했으면, 우리는 그렇게 마음을 정한 것에 일관되게 행동하도록 하는 개인적인 그리고 사회적 압박감을 만나게 된다. 그러한 압박감이 우리가 우리의 앞선 결정을 정당화해주는 방식으로 반응하도록 초래하는 것이다.

구조 해설

❶ Although a bit puzzling : a bit 앞에 it is 가 생략되었음

036

Why don't you challenge your belief
정말로 내 확신이 올바른 것인가

The Ultimate Secrets of Total Self-Confidence
| Robert Anthony

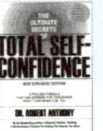

Intellectually, we may agree that there are things in our life that we should change, but we almost always feel that our situation is different from everyone else's. This causes us to avoid, resist and, if necessary, forcibly reject any idea that threatens our beliefs. Take, for example, the alcoholic. From his viewpoint of life, it seems rational to continue drinking. The drug user, the compulsive gambler and the compulsive eater all feel the same way about their respective addictions. They rationalize their actions based on their present level of awareness, however faulty it may be.

The major ❶ **stumbling block to changing** our awareness is that we refuse to recognize that our "mistaken certainties" have distorted our perception. This is why it is important, from time to time, to challenge our beliefs to see if we may be operating from the wrong viewpoint.

패턴과 어휘

- compulsive   강박적인
- rationalize + 명사   합리화하다
- respective   각각의, 상대적인
- stumbling block   걸려 넘어지게 만드는 장애물

지(知)적으로는, 우리가 인생에서 바꿔야 하는 것들이 있다는 점에 동의할지 모르지만, 우리의 상황은 다른 모든 사람의 상황과는 다르다고 우리는 거의 항상 느낀다. 이것은 우리가 우리의 신념을 위협하는 여하간의 생각을 피하고, 저항하고, 그리고 필요하다면 강력하게 거부하게 만든다. 알코올 중독자를 예로 들어 보자. 삶에 대한 그의 관점에서 보면, 술을 계속 마시는 것이 이성적인 것처럼 보인다. 마약을 사용하는 사람, 강박적 도박자 그리고 강박적 대식가 모두가 자신들 각각의 중독에 대해 똑같이 느낀다. 자신들의 현재의 인식 수준이 아무리 잘못된 것이라도, 그들은 그것에 근거해서 자신들의 행동을 합리화한다.

　우리의 인식을 **변화시키는데에 있어 주요한** 장애물은 우리의 "잘못된 확신" 이 우리의 인식을 왜곡시켰다는 것을 인정하는 것을 우리가 거부한다는 사실이다. 이러한 이유로 때때로 우리가 잘못된 관점에서 행동하고 있는지를 알아보기 위해 우리 신념에 도전해 보는 것이 중요하다.

구조 해설

❶ stumbling block to changing : block 다음의 to 는 전치사이므로 뒤에 명사, 동명사

037

Yes, it is also a part of life
불행이 없는 인생을 믿는 바보

Life lessons | Elisabeth Kübler-Ross

One of the greatest ❶ **paradoxes we wrestle with** is our own dark or shadow sides. We often try to get rid of them, but the belief that we can banish our "dark sides" is unrealistic and inauthentic. We need to find a balance between our own opposing forces. The balancing act is difficult, but a part of life. If we can ❷ **see this as an experience** ❸ **as natural as night following day**, we will find more contentment than if we try to pretend that night will never come. Life has storms. Storms always pass. Just as there has never been a day that did not give way to night or a storm that lasted forever, we move back and forth on this pendulum of life. We experience the good and the bad, the day and the night, the yin and the yang. We often teach just what we need to learn.

패턴과 어휘

- banish + 명사   추방하다, 몰아내다
- contentment   만족
- give way to
  ~에게 자리를 내어주다, 길을 열어주다
- inauthentic   거짓된, 정통이 아닌
- paradox   역설, 모순
- pendulum   추, 진자
- wrestle with   ~와 씨름하다
- yin and yang   음과 양

우리가 **맞서서 씨름하는** 가장 큰 역설들 중 하나는 우리 자신의 어둡거나 그늘진 면들이다. 종종 우리는 그것들을 제거하려고 하지만, 우리의 '어두운 면들'을 없애 버릴 수 있다는 믿음은 비현실적이고 거짓된 것이다. 우리는 우리 자신의 상충하는 힘들 사이에서 균형을 찾을 필요가 있다. 이렇게 균형을 잡는 일은 어렵지만, 그것은 삶의 일부분이다. 이것을 **낮 다음에 밤이 오는 것만큼이나 자연스러운 경험으로 볼 수 있다면**, 우리는 밤이 절대로 오지 않을 것처럼 노력할 때 보다 더 많은 만족감을 발견할 것이다. 인생에는 폭풍우가 있다. 폭풍우는 늘 지나간다. 밤으로 바뀌지 않았던 낮이나 영원히 계속되었던 폭풍우가 결코 없었던 것과 꼭 마찬가지로, 우리는 인생이라는 시계 추 위에서 앞뒤로 움직인다. 우리는 선과 악, 낮과 밤, 음과 양을 경험한다. 우리는 우리가 배울 필요가 있는 것을 종종 가르친다.

구조 해설

① paradoxes we wrestle with : 우리가 씨름하는 모순들 (관계사절 후치수식)

② see this as an experience : see A as B 구조

③ as natural as night following day : as 형, 부 as 의 원급비교로 앞의 experience 수식. following 이하를 앞의 night 를 꾸미는 후치수식분사로 볼 수도 있지만, 의미상 동명사로 보고 앞의 night 를 동명사의 의미상 주어로 보는 해석이 더 좋은 의역이 될 수 있음

038

I was just steamed up
분노를 조절할 수가 없었어요

Explaining social behavior | Jon Elster

Some emotions may also be so strong as to crowd out all other considerations. The feeling of shame, for instance, can be unbearably painful, as shown by the 1996 suicide of an American navy admiral who was about to be exposed as not entitled to some of the medals he was wearing, or by the six suicides in 1997 among Frenchmen who were exposed as consumers of pedophiliac material. Anger, too, may be overwhelmingly strong, as when Zinedine Zidane on July 9, 2006, in the last minutes of the World Cup soccer final, head-butted an Italian opponent to retaliate against a provocation, under the eyes of seventy thousand people in the stadium and an estimated one billion TV viewers worldwide. ❶ **Had he paused** for a fraction of a second to reflect, he ❶ **would have realized** that the action might cost the defeat of his team and the ruin of his reputation.

패턴과 어휘

- admiral 해군 장성
- be entitled to ~에 대한 자격이 있다
- crowd out + 명사 몰아내다
- head butt 머리로 들이받다
- pedophilia 아동 성도착증
- provocation 감정적 도발
- reputation 명성
- retaliate 보복하다, 앙갚음하다
- ruin + 명사, ruin 망치다, 파멸

어떤 감정들은 다른 모든 고려 사항들을 몰아낼 정도로 강할 수 있다. 예를 들어, 1996년에 달고 있던 훈장들 중 몇 개가 받을 만한 자격이 없는 것으로 막 폭로되려던 참에 미국의 한 해군 제독이 자살한 것이나, 소아 성 도착증 영상물 소비자로서 노출된 프랑스인들 가운데 1997년 여섯 건의 자살에 의해 보여졌듯이, 수치심은 참을 수 없이 고통스러울 수 있다. Zinedine Zidane(프랑스 축구 선수)이 2006년 7월 9일 월드컵 축구의 결승전에서 마지막 몇 분을 남기고, 경기장에서는 7만 명의 관중들이 그리고 전 세계적으로는 어림잡아 10억 명의 TV 시청자들이 지켜보는 가운데, 자신을 성나게 한 것에 대한 보복으로 이탈리아의 상대 선수를 머리로 들이받았을 때처럼, 분노 역시 압도적으로 강해질 수 있다. 그가 심사숙고하기 위해 아주 잠깐 동안이나마 **멈췄더라면**, 그러한 행동이 그의 팀을 패배시키고 그의 명성을 잃게 할 수도 있다는 것을 깨달았을 것이다.

· 지네딘 지단 사건 : 2006년 월드컵 결승전에서 이탈리아의 수비수 마테라찌가 프랑스의 공격수 지네딘 지단의 저지(운동복 윗도리)를 자주 잡아당기며 밀착수비를 하는데 대해 짜증이 난 지단이 마테라찌를 향해 [내 저지가 그렇게 갖고 싶으면 경기 끝나고 줄게] 라고 하자 마테라찌가 이에 대해 [아니 네 저지 말고 네 여동생 줘] 라고 답하였다. 이에 격분한 지단이 마테라찌의 가슴을 머리로 받아서 퇴장당한 사건. 이 경기는 그의 은퇴 경기였다.

구조 해설

① Had he paused : 가정법에서 if 생략 후 도치, 주절의 would have realized 와 연동

039

It is from our pocket, not your money
세금, 제대로 사용하면 용서할게

Is Democracy Possible Here? | Ronald Dworkin

As I said, liberty is not just freedom. No one has ❶ **a right to live** precisely as he wishes; no one has ❷ **a right to a life** dedicated to violence, theft, cruelty, or murder. Government limits people's freedom ❸ **not only to protect the safety and freedom of other people but in many other ways as well.** Taxes also limit my power to live as I wish; I can put more of what I believe to be valuable into my life if the government allows me to fill my purse and keep it filled. But we do not, at least most of us, count taxation as a constraint on liberty. Sometimes paying taxes does seem an insult to self-respect; it seemed that way to Henry David Thoreau, for example, because he objected strongly to how his taxes would be used. But most of us, most of the time, do not regard paying taxes as an indignity or an insult to our power to choose our own values. How shall we clarify the basic principle of personal responsibility and the liberty it requires so as to recognize these important limits to the right to live according to one's preferred values?

패턴과 어휘

- be dedicated to + 명사, ing   ~에 온전히 바치다
- clarify + 명사   ~을 분명하게 하다
- constraint on   ~에 대한 제한
- count A as B   A를 B로 여기다, 꼽다
- freedom   제한없는 자유
- indignity   모욕
- liberty   자유
- object to + 명사, ing   ~에 이의를 가지다

내가 말했듯이 자유는 단순한 마음내키는 상태로 할 수 있는 자유가 아니다. 어느 누구라도 정확히 자기가 바라는 **대로 살 권리**가 있는 것은 아니다. 어느 누구든지 폭력, 절도, 잔인함, 또는 살인에 전념하는 **삶에 대한 권리**는 없다. 정부는 **다른 사람들의 안전과 자유를 보호하기 위해서 뿐만 아니라 다른 많은 방식으로도** 사람들의 자유를 제한한다. 세금 또한 내가 바라는 대로 살 힘을 제한한다. 정부에서 내가 주머니를 채우고 그것이 늘 채워져 있도록 허락해 준다면, 나는 가치 있다고 믿는 것을 더 많이 내 삶에 넣을 수 있다. 그러나 우리는, 적어도 우리 대부분은, 과세를 자유에 대한 구속으로 여기지 않는다. 때때로 세금을 내는 것은 자존심에 대한 모욕처럼 보인다. 예를 들어, Henry David Thoreau 에게는 그렇게 보였는데, 그 이유는 그가 자신의 세금이 사용될 방식에 대해 강력히 반대했기 때문이다. 그러나 우리 대부분은 거의 언제나, 세금을 내는 것을 우리 자신의 가치관을 택할 수 있는 권한에 대한 경멸이나 모욕으로 여기지 않는다. 선호하는 가치관에 따라 살 수 있는 권리에 대한 이러한 중요한 제약을 인지하기 위해 개인의 의무에 대한 기본적인 원칙과 그것이 요구하는 자유를 우리는 어떻게 분명하게 할 것인가?

· Henry David Thoreau (1817-1862) : 미국의 사상가, 문학가. [국민 불복종의 의무에 관하여] 라는 저서로 유명함

구조 해설

① a right to live : right 뒤에서 부정사로 수식
② a right to a life : right 뒤에서 전치사 to 에 의한 수식
③ not only to protect the safety and freedom of other people but in many other ways as well : not only A but (also) B 구조에서 부정사의 부사적 용법과 전치사에 의한 부사구 병렬

040

Concentration saves time and energy
번뜩임은 집중에서 나온다

Remarkable YOU! | David R. Hawkins, M.D., Ph.D.

One characteristic of genius is the capacity for great intensity, which is often expressed in a cyclic fashion. That is, the personality of the genius sometimes seems to incorporate polar extremes: When inspired, he may work 20 hours a day to realize a solution while it's still fresh in his mind; these periods of intense activity tend to be interspersed with intervals of apparent stasis that are actually times of fermentation, which is a necessary part of the creative process. Geniuses understand the need to make space for ideas to crystallize, ❶ **for** creativity occurs under appropriate inner, not outer, circumstances. The stage is often set by complete distraction—we all know stories of people who have gotten the answers to complex problems while sitting in traffic on the freeway.

패턴과 어휘

- be interspersed with ~로 분산되다
- capacity 수용력, 능력
- characteristic 특성
- crystallize (자동, 타동)
  (사상, 계획 등이) 구체화되다
- cyclic 주기의, 순환하는
- distraction 주의산만
- fermentation 발효, 숙성
- in a fashion 어떤 방식으로
- incorporate 통합하다
- intense activity 격렬한 활동
- stasis 정체, 균형상태

천재의 한 가지 특징은 고도로 집중하는 능력이며, 그것은 자주 순환 방식으로 표현된다. 다시 말해, 천재의 성격은 때로 극단적인 정반대 상황들을 통합시키는 것처럼 보인다. 천재는 영감을 받을 때, 영감이 자신의 마음에서 여전히 생생한 동안에 (문제에 대한) 해결책을 깨닫기 위해 하루에 스무 시간 일할지도 모른다. 이렇게 집중하여 활동하는 기간들이 실제로는 숙성의 시간들인 외견상 정체 시기 사이에 흩어져 있는 경향이 있으며, 그것은 창조적인 과정의 필수부분이다. 천재들은 아이디어들이 구체화 될 공간을 만들 필요성을 이해한다. **왜냐하면** 창의성은 외부가 아닌 제대로 된 내부의 상황 하에서 발생하기 때문이다. 그러한 단계는 완전히 (주의가) 산만한 상태에서 종종 이루어지는데, 우리 모두는 고속 도로상에서 차를 타고 앉아 있으면서 복잡한 문제들에 대한 해답을 찾은 사람들에 관한 이야기들을 알고 있다.

구조 해설

❶ for : 다음에 절이 오기 때문에 접속사 because— 의 의미이다.

041

I wish to be around somebody
너의 눈길이 필요해

The self in social psychology | Roy F. Baumeister

A man's social me is the recognition which he gets from his mates. We are not only gregarious animals, liking to be in sight of our fellows, but we have an innate propensity to get ourselves noticed, and noticed favorably, by our kind. No more fiendish punishment could be devised, ❶ **were such a thing physically possible**, than ❷ **that** one should be turned loose in society and remain absolutely unnoticed by all the members thereof. If no one turned round when we entered, answered when we spoke, or minded what we did, but if every person we met 'cut us dead,' and acted as if we were non-existing things, a kind of rage and impotent despair would ❸ **ere long** well up in us, from which the cruelest bodily tortures would be a relief; for these would make us feel that, ❹ **however bad might be our** plight, we had not sunk to such a depth as to be unworthy of attention at all.

패턴과 어휘

- cut + 명사 + 형용사
  ~를 ~인 상태로 취급하다
- despair   절망, 자포자기
- ere   ~의 전에 (ere long = before long)
- fiendish   잔인한
- gregarious   사교적인, 사회적인
- impotent   무기력한
- innate   본질적인
- plight   역경, 고난
- propensity   경향
- recognition   인정, 인식
- thereof   (앞에 언급된) 그것의 (부사)
- turn + 명사 + loose   풀어놓다
- well up   차오르다, 고이다

한 사람의 사회적인 자아는 자신이 동료들로부터 받는 인정이다. 우리는, 동료들의 눈에 뜨이기를 좋아하는, 사교적인 동물들일 뿐만 아니라, 같은 부류(인간)에 의해 우리 스스로를 눈에 띄게, 그것도 호의적으로 눈에 띄게 하는 타고난 성향도 지니고 있다. **그러한 것이 물리적으로 가능하다면**, 사람이 사회에 풀어 놓여져서 거기에 있는 모든 (사회)구성원들에 의해 완전히 눈에 띄지 않는 상태로 남아야 하는 것보다 더 사악한 처벌이 고안될 수는 없을 것이다. 우리가 (방 안에) 들어갈 때 아무도 돌아보지 않거나, 우리가 말할 때 아무도 대답하지 않거나, 우리가 하는 것에 아무도 신경 쓰지 않는다면, 그러나 만나는 모든 사람이 '우리를 못 본 척하고', 마치 우리가 존재하지 않는 것처럼 행동한다면, 일종의 분노와 무기력한 절망이 우리 내부에서 머지않아 솟아나게 되는데, 그러한 것으로부터 나오는 가장 잔인한 신체적인 고통들 조차도 (얻는다면 우리에게는) 위안이 될 것이다. 왜냐하면 이러한 것들(고통들은), **우리의 곤경이 아무리 심하다 해도**, 우리가 전혀 주목을 받을 만한 가치가 없는 지경까지 빠지지 않았다 라고, 느끼게 만들어 줄 것이기 때문이다.

구조 해설

① were such a thing physically possible : if 가 생략되고 도치된 가정법절

② that : 지시대명사. 뒤에서 관계부사 where (또는 when) 이 생략되어 있음

③ ere long : would well up 사이에 들어간 부사구 = before long

④ however bad might be our plight, : 원래 어순은 however bad our plight might be.

042

At least 3 eggs a day
단백질 섭취 게을리 마세요

Doctor's Guide to Natural Medicine | Paul Barney

Unless we are consuming enough protein, our bodies will not be able to function optimally. For this reason, vegetarians need to be particularly careful that they consume a full range of proteins from non-animal sources. Time and time again, studies have shown that a poor protein intake can have serious consequences on immune function. Eating fish several times a week is an excellent source of protein, ❶ **as is tofu.** Chicken and turkey eaten occasionally are also good sources of protein.

Protein is considered one of the most abundant substances found in our bodies and is ❷ **second only to water**. Our skin, muscles, hair, nails, eyes and enzymes are essentially comprised of protein. Unless we supply our bodies with protein, we cannot create infection-fighting antibodies, regenerate our tissues or grow. Protein is chemically composed of carbon, hydrogen oxygen and nitrogen. Its primary function is to build and repair body tissues. Protein molecules are made up of organic compounds called amino acids. These amino acids are linked end to end and create a structure resembling long, sphere-like chains. The individual attributes of each protein are determined by the nature and shape of these amino acid chains. Twenty amino acids are required to synthesize protein and half of these are produced by the human body.

우리가 충분한 양의 단백질을 섭취하지 않는다면, 우리의 신체는 최적으로 기능할 수 없을 것이다. 이러한 이유로, 채식주의자들은 비 동물적 자원(식물)에서 다양한 단백질을 섭취하는 데 특별히 신경 쓸 필요가 있다. 연구들은 부족한 단백질 섭취가 우리의 면역기능에 심각한 결과를 초래할 수 있다는 것을 여러 차례 보여주었다. 일주일에 여러 번 생선을 먹는 것은 **두부가 그러하듯** 탁월한 단백질원이다. 닭고기와 칠면조도 가끔 섭취하면 또한 훌륭한 단백질원이다.

단백질은 우리 신체에서 **수분 다음으로** 발견 되는 가장 풍부한 물질들 중 하나로 여겨진다. 우리의 피부, 근육, 모발, 그리고 손발톱, 눈 그리고 효소가 본질적으로 단백질로 구성되어 있다. 우리 몸에 단백질을 공급하지 않는다면, 우리는 감염과 싸우는 항체를 생성하지 못하고, 조직을 재생시킬 수 없고 성장할 수 없다. 단백질의 으뜸가는 기능은 우리 체세포를 만들어내고 수리하는 것이다. 단백질 분자들은 아미노산이라고 불리는 유기 화합물로 구성되어 있다. 이 아미노산들은 끝과 끝이 연결되어 있으며, 긴 공 모양의 사슬을 닮은 구조를 만들어낸다. 각 단백질의 독특한 특성들은 이러한 아미노산 사슬의 성질과 모양에 의해 결정된다. 단백질을 합성하기 위해서는 20종의 아미노산이 필요하고 이것들의 절반은 인간의 몸에서 생성되어진다.

패턴과 어휘

- amino acid   아미노산
- antibody   항체
- attribute   특질, 속성, 특성
- be comprised of   ~로 구성되다
- be made up of   ~로 구성되다
- end to end   끝에서 끝으로
- enzyme   효소
- essentially   본질적으로, 본래
- immune function   면역기능
- individual   개개의, 독특한
- molecule   입자
- nitrogen   질소
- optimally   최적으로
- organic compound   유기화합물
- primary function   우선적 기능
- protein intake   단백질 섭취
- regenerate   재생하다
- sphere like   구체의, 공처럼 생긴
- synthesize + 명사   ~을 합성하다
- turkey   칠면조

구조 해설

❶ as is tofu : 양태 접속사이고 도치되었다. 원래는 as tofu is an excellent….

❷ second only to + 명사 : '~의 바로 다음인'

043

When it is empty, are you fine?
둥지를 떠나면 너무 슬퍼

Counselling older people | Steve Scrutton

The parental role disappears as children become independent and leave the family home. This can be an important loss, especially for women, and particularly for those who have not worked. The importance of the parent-child relationship can provide a deep and lasting meaning to life. As children reach adolescence, they can begin to establish social outlets which may be quite separate from the lives of their parents. When they leave home, parental investment in both time and energy is suddenly unnecessary, maybe even positively unwanted. When the last child leaves home, a considerable gap can be left in the lives of the parents.

The rational response to this is that this process should be expected, and is not only natural, ❶ **but that there should be joy in seeing children developing independent social roles.** Yet many 'ex-parents' ❷ **find the gap left in their life is** difficult or even impossible to fill. They feel redundant. For those who have over-invested in their children and spent insufficient time developing their own lives, the feeling of emptiness can be immensely stressful.

패턴과 어휘

- immensely   엄청나게
- insufficient time   불충분한 시간
- redundant   불필요하게 남아도는
- response to + 명사   ~에 대한 반응
- social outlet   사회적 배출구

자녀들이 독립하여 가족의 집을 떠나면서 부모의 역할은 사라진다. 이것은, 특히 여성들, 그 중에서도 일하지 않는 여성들에게 있어서, 중대한 상실이 될 수 있다. 부모자식 관계의 중요성은 삶에 깊고도 지속적인 의미를 제공할 수 있다. 자녀들이 청년기에 접어들면서, 그들은 부모의 삶에서 완전히 분리될 사회적 출구를 형성하기 시작할 수 있다. 그들이 가정을 떠날 때, 부모의 시간과 에너지 투자는 갑자기 불필요하게 되고, 그것은 아마 긍정적이게도 불필요한 일이 될지 모른다. 마지막 아이가 집을 떠날 때, 부모의 삶에는 상당히 큰 빈자리가 남겨질 수 있다.

이것에 대한 합리적인 반응은 이런 과정이 예상되어야 한다는 것이며, 이 반응은 자연스러울 뿐만 아니라, **자녀들이 독립적인 사회적 역할들을 계발하는 것을 보는 데 있어서 기쁨이 있어야 한다는 것이다.** 그러나 '이전에 자녀를 키웠던 많은 부모들'은 **그들의 삶에 남겨진 빈자리가 채우기가 어렵고 불가능하다는 것을 알게 된다.** 그들은 쓸모없다는 느낌을 받게 된다. 자녀들에게 과도하게 투자하고 자신의 삶을 계발하는 데는 부족한 시간을 보낸 이들에게, 공허감은 엄청난 스트레스가 될 수 있다.

구조 해설

❶ but that there should be joy in seeing children developing independent social roles. : 앞의 not only A but (also) B 구조와 연동되어 있음

❷ find the gap left in their life is : find 뒤에 접속사 that 이 생략되어 있고 left in their life 는 과거분사 후치 수식임

044

What owning a car means
자동차를 소유할 자격

The age of access | Jeremy Rifkin

Buying an automobile, for most people, represents a baptism into the adult world of property relationships. It is a signal of our willingness to accept the responsibilities that go along with being a member of the propertied class. In contemporary society, where rites of passage are few, owning an automobile remains the one constant bridge from adolescence to adulthood. Moreover, in a culture obsessed with the notions of autonomy and mobility, the automobile is, perhaps, the ultimate technological expression of these cardinal values. Especially among the young, car ownership is a way of claiming personal identity and a stake in society. It is ❶ **a statement that one exists and is to be taken seriously.** For men in particular, an automobile is the most personal of all possessions and thought of as an extension of who they are and how they would like others to perceive them.

패턴과 어휘

- adolescence   청년기
- autonomy   자율성
- baptism into   ~로 들어가는 세례식
- cardinal value   가장 중요한 가치
- extension   연장, 연장선
- mobility   이동성, 운동성
- notion   개념
- obsessed with   ~에 사로잡힌
- propertied class   유산계급
- property relationship   재산 관계
- represent   ~을 나타내다
- rites of passage   통과의례들
- a stake in society   사회속의 한 지분
- think of A as B   A를 B로 여기다
- willingness to VR   ~하려는 적극성

자동차를 산다는 것은, 대부분의 사람들에게 있어서, 재산 관계에 있어 성인 세계로 들어가는 세례식을 나타낸다. 그것은 유산계급의 구성원의 일부가 되는 것에 어울리는 책임을 우리가 기꺼이 받아들인다는 신호이다. 통과 의례가 거의 없는 현대 사회에서, 자동차를 소유한다는 것은 청년기에서 성인기로 가는 변함 없는 하나의 다리로 남아 있다. 게다가, 자율성과 이동성의 개념에 집착하고 있는 문화에서, 자동차는 아마도 이런 중요한 가치의 궁극적인 기술적 표현일 것이다. 특히 젊은이들 사이에서, 자동차 소유는 개인적 정체성과 사회에 대한 하나의 지분을 주장하는 방법이다. 그것은 **한 사람이 존재하며 진지하게 받아들여져야 한다는 진술**이다. 특히 남자들에게 자동차란, 모든 소유물들 중에서 가장 개인적인 것이며 그들이 누구인가와 다른 사람들이 그들을 어떻게 인식해 주기를 바라는가의 연장선으로 여겨진다.

구조 해설

❶ a statement that one exists and is to be taken seriously : that 절은 앞의 statement 에 대한 내용이므로 동격절. 등위접속사 and 는 exists 와 is 이하를 연결.

045

Beans keep away insulin injections
콩밥은 돈 주고서라도 먹는 것입니다

The new complete book of food | Carol Ann Rinzler

Beans are digested very slowly, producing only a gradual rise in blood-sugar levels. As a result, the body needs less insulin to control blood sugar after eating beans than after eating some other high-carbohydrate foods (bread or potato). In studies at the University of Kentucky, researchers put diabetic patients on a bean, grains, fruit, and vegetables diet ❶ **developed at the University of Toronto and recommended by the American Diabetes Association.** On the diet, patients with type 1 diabetes (whose bodies do not produce any insulin) were able to cut their insulin intake by 38 percent. Patients with type 2 diabetes (who can produce some insulin) were able to reduce their insulin injections by 98 percent. This diet is in line with the nutritional guidelines of the American Diabetes Association, but people with diabetes should always consult their doctors and/or dietitians before altering their diet.

패턴과 어휘

- be in line with   ~와 일직선 상에 있다
- blood sugar level   혈당수준
- consult doctors and dietitians
  의사 그리고 영양사들과 상의하다
- digest (타동)   소화하다
- insulin injection   인슐린 주사
- insulin intake   인슐린 섭취

콩은, 혈당 수치에 점진적인 상승만을 가져오면서, 아주 천천히 소화된다. 그 결과, 콩을 먹은 후에는 빵이나 감자와 같이 탄수화물이 풍부한 다른 음식들을 먹은 다음보다 (우리) 몸은 혈당을 조절하기 위해 더 적은 양의 인슐린을 필요로 하게 된다. 켄터키 대학의 연구에서는 **토론토 대학에서 개발되고 미국 당뇨 협회가 권장하는** 콩, 야채, 과일이 풍부한 식단을 당뇨환자에게 처방했다. 그 식단에서, (스스로 인슐린을 전혀 생성하지 않는) 제 1형 당뇨병에 걸린 환자들이 인슐린 투여량을 매일 38퍼센트 줄일 수 있었다. (어느 정도 인슐린을 생성할 수 있는) 제 2형 당뇨병 환자들은 그들의 인슐린 주사를 98퍼센트 줄일 수 있었다. 이 식단은 미국 당뇨 협회의 영양 지침들과 일맥상통한다. 하지만, 당뇨병이 있는 사람들은 그들의 식단을 바꾸기 전에 항상 의사 그리고/혹은 영양사들과 상의해야 한다.

구조 해설

❶ developed at the University of Toronto and recommended by the American Diabetes Association : and 가 두 개의 과거분사 후치수식구를 이끌고 있다.

046

Adapt yourself or die
떠나거나, 적응하거나, 죽거나

How to Analyze People on Sight | Elsie L. Benedict

REACTION TO ENVIRONMENT

The greatest problem ❶ **facing any organism** is successful reaction to its environment. Environment, speaking scientifically, is the sum total of your experiences. In plain United States, this means fitting vocationally, socially and maritally into the place where you are.

If you don't fit you must move or change your environment to fit you. If you can't change the environment and you won't move, you will become a failure, ❷ **just as** tropical plants fail ❸ **when transplanted** to the Nevada desert.

LEARN FROM THE SAGEBRUSH

But there is something that grows and keeps on growing in the Nevada desert—the sagebrush. It couldn't move away and it couldn't change its waterless environment, so it did what you and I must do if we expect to succeed. It adapted itself to its environment, and there it stands, ❹ **each little stalwart shrub a reminder** of what even a plant can do when it tries!

MOVING WON'T HELP MUCH

Human life faces the same alternatives that confront all

패턴과 어휘

- adapt A (in)to B   A를 B에 적응시키다
- maritally   결혼상으로
- reminder   상기시켜주는 물건
- sagebrush   산쑥 (쑥의 일종)
- stalwart shrub   강인하고 억센 관목
- the sum total   합계

환경에 대한 반응

　모든 생명체에 직면한 가장 큰 문제는 환경에의 성공적인 반응이다. 환경이란, 과학적으로 말해서, 당신의 경험치를 합한 것이다. 평범한 미국에서, 그것은 당신이 존재하는 곳에 직업적으로, 사회적으로, 혼인적으로 적응하는 것을 의미한다.

　적응하지 못하면 당신은 이주를 해야 하거나 여러분에게 맞도록 환경을 바꿔야 한다. 환경을 바꿀 수 없으면서 이주도 못하면, 네바다 사막에 **옮겨 심어졌을 때** 열대 식물들이 실패하는 것처럼, 당신은 실패자가 될 것이다.

산쑥에게 배우다

　그러나 네바다 사막에서 자라며 그 생육을 이어가고 있는 무언가가 있는데, 그것은 산쑥이다. 이동해서 멀리 갈 수도, 물이 없는 환경을 바꿀 수도 없어서, 당신이나 내가 성공을 기대한다면 반드시 해야 할 일을 산쑥은 거기서 해냈다. 그것은 환경에 자신을 적응시켰으며, 그 각각의 작고 튼튼한 관목(산쑥)은 식물도 시도하면 무엇을 할 수 있는지를 상기시켜 주는 존재로서 그 곳에 당당히 서 있다.

움직이는 것은 별로 도움이 되지 않는다

　인간의 삶도 다른 모든 생명체에게 직면한, 살아야 하는 상황에 자신을 적응시

구조 해설

1. facing any organism : 앞의 problem 을 꾸미는 현재분사
2. just as : '~하듯이' 로 해석되는 양태접속사
3. when transplanted : when they are transplanted 에서 생략됨
4. each little stalwart shrub a reminder : 독립분사구문으로 shrub 다음에 being 이 생략되고 뒤에 a reminder 가 보어로 남음

046

Adapt yourself or die
떠나거나, 적응하거나, 죽거나

How to Analyze People on Sight | Elsie L. Benedict

other forms of life—of adapting itself to the conditions under which it must live or becoming extinct. You have an ❶ **advantage over** the sagebrush ❷ **in that you can move** from your city or state or country to another, but after all that is not much of an advantage. ❸ **For** though you may improve your situation slightly, you will still find that in any civilized country the main elements of your problem are the same.

패턴과 어휘

- become extinct 멸종하다   - not much of A   A의 성격이 많지는 않은

키느냐 아니면 멸종되느냐 하는, 똑같은 양자택일에 직면한다. 여러분은 여러분의 도시나 주 또는 나라에서 다른 곳으로 **이동할 수 있다는 점에서** 산쑥**보다 나은 이점을 갖고** 있지만 결국 그것은 대단한 이점은 아니다. **왜냐하면** 약간 상황을 향상시킬 수는 있지만, 어느 문명화된 나라에서든 여러분의 문제의 주된 요소들은 같다는 것을 여전히 발견하게 될 것이기 때문이다.

구조 해설

1. advantage over : advantage or disadvantage 다음에 비교대상 앞에는 전치사 over
2. in that you can move : 전치사 in 이 뒤에 that 절을 받으면 '~라는 점에 있어서'
3. For : 접속사로서 '왜냐하면' 으로 해석됨

047

It has turned into a big bargain
대조효과란?

Social Psychology | Catherine A. Sanderson

One presentation factor that can influence decision making is the contrast effect, in which people's beliefs about one thing are influenced by what they have just seen or heard (Anderson, 1975; Simpson & Ostrom, 1976). For example, a $70 sweater may not seem like a very good deal initially, but if you learn that the sweater was reduced from $200, all of a sudden it may seem like a real bargain. ❶ **It is the contrast that "seals the deal."** Similarly, my family lives in Massachusetts, so we are very used to cold weather. But when we visit Florida to see my aunt and uncle for Thanksgiving, they urge the kids to wear hats when it is 60 degrees outside—virtually bathing suit weather from the kids' perspective! Research even shows that people eat more when they are eating on large plates than when eating from small plates; the same portion simply looks larger on a small plate than a large plate, and we use perceived portion size as a cue that tells us when we are full (Wansink, van Ittersum, & Painter, 2006).

The contrast effect explains why media images of attractive

패턴과 어휘

- contrast effect 대조효과
- cue 신호
- decision making 결정하기
- from one's perspective ~의 관점에서
- plate 음식물을 올려놓는 접시
- portion 일인분의 용량
- a real bargain 아주 싸게 산 물건
- seal the deal 거래를 성사시키다
- urge + 목적어 + to VR ~에게 ~하라고 촉구하다
- a very good deal 아주 잘한 거래(물)

결심 굳히기에 영향을 줄 수 있는 하나의 발표 요소는 대조효과인데, 그 속에서는 한 가지 것에 대한 사람들의 믿음이 자신들이 금방 보았거나 들었던 것에 의해 영향을 받는다. 예를 들어, 70불짜리 스웨터는 처음에는 대단한 구매품처럼 보이지 않지만, 그 스웨터가 200불짜리에서 할인된 것을 당신이 안다면, 그것은 갑자기 진짜 잘 산 물건처럼 보일 것이다. 거래를 완성짓는 **것은 바로 이런 대조이다.** 이와 유사하게, 우리 가족은 Massachusetts에 살고 있어서, 추운 날씨에 아주 익숙해 있다. 그러나 우리가 추수감사절에 숙모와 숙부를 뵈러 Florida를 방문할 때, 그들은 아이들의 관점에서 거의 수영복을 입을 날씨인, 바깥 온도가 화씨 60도(섭씨 15℃) 인데도, 아이들이 모자를 쓸 것을 강요한다. 연구는 심지어 사람들이 작은 접시로부터 먹을 때보다 큰 접시에서 먹을 때 더 많이 먹는다는 것을 보여주는데, 똑같은 1인분의 음식이 큰 접시보다 작은 접시에서 더 크게 보이고, 그래서 우리는 상대적 크기를 우리가 '배가 부르다'라고 말해주는 단서로 이용하게 되는 것이다.

대조효과는 또한 매력적인 상대방의 미디어 이미지가 우리가 우리와 상대방의

구조 해설

❶ It is the contrast that "seals the deal" : it be 강조된 주어 that 술어동사 구조

047

It has turned into a big bargain
대조효과란?

Social Psychology | Catherine A. Sanderson

others can influence how we judge our own and others' attractiveness. In one study, male college students who were watching TV were asked to rate a photo of a potential blind date(Kenrick & Gutierres, 1980). The students were watching Charlie's Angels or another cop show without attractive female stars. ❶ **As predicted**, those who were watching Charlie's Angels rated the photo as less attractive than those who were watching a television show that featured more average-looking actresses.

패턴과 어휘

- Charlie's Angels 미국에서 유행한 미녀가 나오는 드라마
- cop show 경찰관이 나오는 드라마
- feature + 명사 ~를 주인공으로 삼아 만들다
- rate + 명사 ~를 평가하다, 등급을 매기다

매력을 판단하는 방식에 왜 영향을 미칠 수 있는지도 설명하고 있다. 한 연구에서, 텔레비전을 보고 있던 남자 대학생들이 서로 모르는 남녀 간의 데이트의 상대가 될지도 모르는 사람의 사진을 평가하라는 부탁을 받았다. 학생들은 각각 '미녀 삼총사(Charlie's Angels)' 혹은 매력적인 여성 인기 배우가 없는 또 다른 경찰 영화를 보고 있었다. **예측한대로** '미녀 삼총사'를 보고 있던 학생들은 더 평범하게 보이는 여배우가 주연을 했던 텔레비전 프로그램을 보고 있던 학생들보다 그 사진을 덜 매력적인 것으로 평가했다.

구조 해설

① As predicted : 양태접속사에서 주어와 be 동사가 생략된 형태. as pp → '~되듯이, 되었듯이'

048

Once brainwashed, always ill
세뇌는 기억까지 조작합니다

Essentials of Abnormal Psychology | V. Mark Durand

In another set of studies, Ceci and colleagues conducted several experiments using the following paradigm: preschool children were asked to think about actual events that they had experienced, such as an accident, and about fictitious events, such as having to go to the hospital to get their fingers removed from a mousetrap. Each week for 10 consecutive weeks, an interviewer asked each child to choose one of the scenes and to "think very hard and tell me if this ever happened to you." The child thus experienced thinking hard and visualizing both real and fictitious scenes over an extended period. After 10 weeks, the children were examined by a new Interviewer who had not participated in the experiment (Ceci, 1995, 2003).

In one of Ceci's studies, 58% of the preschool children described the fictitious event as if it had happened. Another 25% of the children described the fictitious events as real most of the time. Furthermore, the children's narratives were detailed, coherent, and embellished in ways that were not suggested originally. ❶ **More telling was that** in one study, 27% of the children, when told their memory was false, claimed that they did remember the event.

패턴과 어휘

- coherent   응집력이 강한
- consecutive   연속적인
- embellish   장식하다
- experiment   실험, 실험하다
- fictitious event   가공의 사건
- get + 목적어 + pp   ~를 ~되도록 시키다, 되는 일을 겪다
- paradigm   틀, 기본이 되는 원칙
- telling   인상적인, 효과적인, 설득력 있는

또 다른 일련의 연구에서, Ceci와 동료들은 다음과 같은 방식을 이용한 몇 개의 실험들을 실시했다. 취학 전 아동들이, 사고와 같은 자신들이 경험했던 실제 사건들과, 쥐덫에서 자신들의 손가락을 빼내기 위해서 병원에 가야 하는 것과 같은 가상의 사건에 대해서, 생각하라는 요청을 받았다. 연속 10주 동안 매주, 면접관이 각각의 아동에게 그 장면들 중 하나를 선택하고 "아주 열심히 생각하고 이 일이 너에게 일어났는지를 나에게 말해 달라"고 요청했다. 그래서 장기간에 걸쳐 아이들은 열심히 생각하는 것과 실제와 가상의 장면 모두를 그 마음속에 생생하게 그리는 것을 경험했다. 10주 후에, 그 아동들은 그 실험에 참여하지 않았던 새 면접관들에 의해 조사를 받았다.

  Ceci의 연구들 중 한 곳에서, 58%의 취학 전 아동들이 가상의 사건을 마치 그것이 일어났던 것처럼 묘사했다. 또 다른 25%가 가상적 사건들을 대부분 실제라고 묘사했다. 더욱이, 아동들의 이야기는 원래 암시되지 않았던 방식으로 상세하며 일관성이 있고 덧칠까지 되었다. 한 연구에서, 27%의 아이들이, 그들의 기억이 잘못되었다고 들었을 때, 자신들은 그 사건을 기억한다고 주장한 것이 더 인상적이었다.

구조 해설

❶ More telling was that : that 절이 주어 was more telling 어순이 원래 구조

049

I will pay if I know the reason
이유를 알게되면 지갑을 열겠다

Thinking and deciding | Jonathan Baron

Uncertainty can affect our reasons for acting. We may be reluctant to act without some clear reasons, and reasons may be unclear if we do not know the outcome. If we are uncertain about the reasons, we may prefer to defer the decision. Consider the following scenario(Tversky and Shafir, 1992a): "Imagine that you have just taken a tough qualifying examination. It is the end of the fall quarter, you feel tired and rundown, and you are not sure that you passed the exam. In case you failed, you have to take the exam again in a couple of months —after the Christmas holidays. You now have an opportunity to buy a very attractive five-day Christmas vacation package to Hawaii at an exceptionally low price. The special offer expires tomorrow, while the exam grade will not be available until the following day." Subjects were asked whether they would ❶ **buy the package, not buy it, or "pay a $5 non-refundable fee** in order to retain the rights to buy the vacation package at the same exceptional price the day after tomorrow —after you find out whether or not you passed the exam." Sixty-

---

패턴과 어휘

- affect 영향을 주다
- be reluctant to V R ~하는 것을 꺼리다
- outcome 결과
- defer 늦추다, 물리다, 연기하다
- qualifying examination 자격시험
- rundown 몹시 황폐한, 몹시 피곤한, 병난
- at an exceptionally low price 아주 저렴한 가격에
- expire 만료되다, 만기가 되다
- exam grade 시험 결과

불확실성은 우리의 행동에 대한 이유에 영향을 줄 수 있다. 우리는 어떤 명백한 이유가 없으면 행동하기를 꺼리는데, 우리가 결과를 알 수 없다면 아마 이유가 불분명해질 것이다. 만약 우리가 그 이유들에 대해 확신하지 못한다면, 우리는 결정을 미루는 것을 선호할 것이다. 다음 시나리오를 생각해 보라. "여러분이 막 힘든 자격시험을 치렀다고 가정하자. 가을학기의 끝 무렵이고, 여러분은 피곤하고 황폐화되어 있으며, 여러분은 시험에 합격했다고 확신하지 못한다. 시험에 떨어질 경우, 크리스마스 휴가가 끝나고 나서, 두어달 안에 재시험을 보아야 한다. 당신은 지금 매력적인 하와이로의 성탄절 5일 휴가패키지 상품을 아주 저렴한 가격에 구입할 기회가 있다. 이 특별 가격은 내일이 만료인데, 시험 결과는 모레까지 알 수 없다." 피실험자들은 **여행 상품을 구입할 것인지 말 것인지**, 혹은 "그들이 시험에 합격했는지의 여부를 알게 된 후, 내일 모레 똑같이 예외적인 가격으로 휴가 패키지여행 상품을 구입할 권리를 갖기 위해서 **환불 불가조건의 5달러를 지불할 것인지**"에 대한 질문을 받았다. 61퍼센트가 5달러를 지불하는

구조 해설

❶ buy the package, not buy it, or "pay a $5 non-refundable fee : or 가 연결하는 3개의 술어동사 구조

049

I will pay if I know the reason
이유를 알게되면 지갑을 열겠다

Thinking and deciding | Jonathan Baron

one percent chose to pay the $5. Only 32% would buy the package. ❶ **When asked** what they would do if they knew that they had passed or knew that they had failed, however, most subjects would buy the package in each condition, and only 31% would pay $5 to delay the decision for two days. It seems that people would take the vacation ❷ **to celebrate, if they passed, and to gather their strength if they failed**, but, if they did not know their reasons, they preferred not to decide until they did.

패턴과 어휘

- subject   피실험자

것을 선택했다. 32퍼센트만이 패키지 여행 상품을 구입할 예정이었다. 그러나, 그들이 시험에 합격했거나 시험에 떨어졌다는 것을 알게 된 후 무엇을 할 것인지에 대한 **질문을 받았을 때,** 대부분의 피실험자들이 각각의 상황에서 그 패키지 상품을 구입하려고 했으며, 오직 31%만이 이틀 동안 결정을 미루기 위해서 5달러를 지불할 것이었다. **그들이 시험에 통과했을 때는 축하하기 위해서, 그들이 통과하지 못했을 때는 기운을 내기 위해서,** 그들은 휴가를 갈 예정이었지만, 그들이 이유(각 결과에 따른 여행을 가야 할)를 알지 못했을 때에는, 그 이유를 알 때까지 결정을 하지 않는 것을 선호했다.

구조 해설

1. When asked : when they were asked 의 줄임형

2. to celebrate, if they passed, and to gather their strength if they failed, : 등위접속사 and 가 연결하는 두 부분

050

Why sometimes say they'll enjoy it
즐겨라, 그러면 탁월해지리라

How to Analyze People on | Elsie Lincoln Benedict

Fame comes from doing one thing so much better than your competitors that your results stand out ❶ **above and beyond** the results of all others. Any man who will do efficiently any one of the many things ❷ **the world is** crying for can place his own price upon his work and get it. He can get it because the world gladly pays for what it really wants, and because the efficient man has almost no competition.

But here's the rub. You will never do anything with that brilliant efficiency save what you LIKE TO DO. Efficiency does not come from duty, or necessity, or goading, or lashing, or anything under heaven save ENJOYMENT OF THE THING ITSELF. Nothing less will ever release those hidden powers, those miraculous forces which, for the lack of a better name, we call "genius."

패턴과 어휘

- competitor 경쟁자
- cry for 몹시 원하다
- efficiency 효율성
- for the lack of a better name 더 좋은 이름이 없어서
- goading 막대기로 찌르듯이 강요하기
- lashing 채찍으로 때리듯이 강요하기
- pay for 댓가를 지불하다
- rub 장애요소
- save (전치사) '~를 제외하고'

명성은 여러분의 경쟁자보다 한 가지 일을 훨씬 더 잘 해서 여러분의 결과가 다른 모든 사람들의 결과를 넘어서서 두드러지는 것으로부터 얻어진다. 세상이 꼭 필요로 하는 많은 것들 중에서 어떤 것이든지 효율적으로 해내는 사람은 누구든 자신의 일에 자신의 가격을 붙일 수 있고, 그것을 얻을 수 있다. 왜냐하면 세상은 자신이 정말로 원하는 것에 대해서 기꺼이 돈을 지불하기 때문에, 그리고 효율적인 사람은 거의 경쟁자가 없기 때문에 그가 그것을 얻을 수 있다.

그러나 여기에는 장애 요소가 있다. 여러분은 하고 싶은 것을 제외하고는 어떤 것도 그렇게 뛰어나게 효율적으로 할 수 없다. 효율성은, 그 일 자체에 대한 즐거움을 제외하고는, 의무 또는 필요성 또는 몰아댐 또는 채찍질 또는 세상의 어떤 것으로, 얻을 수 있는 것이 아니다. 그것(즐김)보다 못한 그 무엇도 그 숨겨진 힘, 더 나은 이름이 없어서 우리가 '천재성'이라고 부르는, 그 기적의 힘을 끌어낼 수는 없을 것이다.

구조 해설

❶ above and beyond : 등위접속사 and 가 연결하는 두 전치사
❷ the world is crying for : 관계사절로 앞의 many things 를 수식

051

Fly high, then you are an eagle
오리가 독수리 학교에 입학하면

Leadership Gold | John C. Maxwell

Three Reasons Not to Send Your Ducks to Eagle School : For years my problem was that I believed that if I worked hard and taught the right things, I could turn ducks into eagles. It just doesn't work. I have to admit, this has been a hard lesson for me. I place a high value on people. I sincerely believe that every person matters. And for years, I believed that anyone could learn just about anything. As a result, I repeatedly tried to send my ducks to eagle school. Here's why I no longer do that.

1. If You Send Ducks to Eagle School, You Will Frustrate the Ducks

Let's face it. Ducks are not supposed to be eagles—❶ **nor do they want** to become eagles. Who they are is who they should be. Ducks have their strengths and should be appreciated for them. They're excellent swimmers. They are capable of working together in an amazing display of teamwork and travel long distances together. Ask an eagle to swim or to migrate thousands of miles, and it's going to be in trouble.

Leadership is all about placing people in the right place so they can be successful. As a leader, you need to know and value your people for who they are and let them work according to their strengths. There's nothing wrong with ducks. Just don't ask them to soar or hunt from a high altitude. It's not what they do.

당신의 오리들을 독수리 학교에 보내지 말아야 할 세 가지 이유 :

수 년 동안 내 문제는 내가 열심히 노력하고 옳은 것을 가르치면, 오리를 독수리로 바꿀 수 있다고 믿었던 것이었다. 그것은 효과가 없다. 이것이 나에게 힘든 교훈이었다는 것을, 나는 인정해야 한다. 나는 사람들을 높이 평가한다. 나는 모든 사람들이 중요하다는 것을 진심으로 믿는다. 그리고 수 년 동안, 나는 어떤 사람도 거의 어떤 것이든지 배울 수 있다고 믿었다. 그 결과, 나는 되풀이해서 내 오리들을 독수리 학교에 보내려고 했다. 내가 더 이상 그것을 하지 않는 이유가 다음에 있다.

1. 오리를 독수리 학교에 보내면, 당신은 오리들을 좌절시킨다.

현실을 직시하자. 오리는 독수리가 될 수 없다. **또한 독수리가 되기를 원치도 않는다.** 그들이 누구냐 하는 것은 곧 그들이 누구이어야 하는 것이다(그들의 정체성이 곧 그들의 당위성이다). 오리는 자신의 강점을 갖고 있고 그 강점 때문에 인정을 받아야 한다. 오리는 수영을 아주 잘 한다. 오리는 놀라운 협동심을 보이면서 함께 일할 수 있고 함께 먼 거리를 이동한다. 독수리에게 수영을 하라고 하거나 수 천 마일을 이동하라고 해보라. 그러면 독수리는 곤경에 처할 것이다.

지도력은 사람들이 성공할 수 있도록 그들을 적재적소에 배치하는 것에 관한 모든 것이다. 지도자로서, 여러분은 사람들의 정체성을 알고 가치를 인정해야 할 필요가 있으며, 그들의 강점에 따라 일을 하게 할 필요가 있다. 오리들에게는 아무런 문제가 없다. 단지 그들에게 높이 날아서 높은 고도에서 사냥할 것을 요구하지 마라. 그것은 오리들이 하는 것이 아니다.

패턴과 어휘

- about anything　대략 어떤 것이라도
- frustrate + 명사　좌절시키다
- high altitude　높은 고도
- matter　문제가 되다, 중요하다
- migrate　이주하다
- soar　높이 치솟다, 날아오르다

구조 해설

❶ nor do they want : 부정접속사 nor 다음에 오는 절은 의문문의 어순으로 도치

052

After all, the money is the money
그 돈이 그 돈은 아닙니다

Why Smart People Make Big Money Mistakes and
How to Correct Them | Gary Belsky

Imagine that you've bought a ticket to the Super Bowl or a hit Broadway play. At the stadium or theater you realize you've lost your ticket, ❶ **which cost** $150. Do you spend another $150 to see the game or performance?

Now imagine the same scenario, but you're planning to buy the $150 ticket when you arrive. At the box office, you realize you've lost $150 somewhere in the parking lot. Still, you have more than enough in your wallet to buy the ticket. Do you?

If you're like most people, you probably answered 'no' to the first question and 'yes' to the second, even though both scenarios present the same dilemma: a loss of $150 and the subsequent prospect of spending another $150 to be entertained. The reason for this odd inconsistency is that for most people, the first scenario somehow translates into a total entertainment cost of $300—two actual tickets, ❷ **each costing $150.** This might be too much, even for a Super Bowl or hit play. Conversely, for most people, the loss of $150 in cash and the $150 cost of the ticket are somehow separated mentally into two independent categories. They are unfortunate but unrelated. This type of thinking—treating two essentially equal $150 losses in very different

패턴과 어휘

- conversely   거꾸로, 정반대로
- dilemma   진퇴양난의 어려운 문제
- entertain + 명사   즐겁게 하다, 생각 등을 마음에 품다
- inconsistency   부조화, 불일치
- subsequent   앞의 사안에 해당하는 결과로서 뒤에 나타나는
- the Super Bowl   미국식 미식축구 경기 이름

슈퍼 보울(Super Bowl) 이나 혹은 인기 있는 브로드웨이 연극 입장권을 한 장 샀다고 가정하자. 스타디움이나 극장에서 당신은 당신의 입장권을 잃어버렸다는 것을 깨달았는데, **그것은** 150달러**였다**. 그 경기나 공연을 보기 위해 당신은 또 한 번 150달러를 쓸 것인가?

　이제 똑같은 시나리오이지만, 도착해서 150달러짜리 입장권을 살 계획이라고 가정하자. 매표소 도착했을 때, 당신은 주차장 어딘가에서 150달러를 잃어버렸다는 것을 깨닫는다. 여전히, 당신은 입장권을 살 수 있는 것보다 충분히 많은 돈을 지갑에 가지고 있다. 그러면 다시 사겠는가?

　당신이 대부분의 사람들과 같다면, 두 개의 시나리오가 150달러의 분실과, 즐거워지기 위해 또 한 번의 150달러를 써야 한다는 결과적 전망과 같은 어려움을 제공하지만, 아마도 첫 번째 질문에는 'no'라고 대답했을 것이고 두 번째 질문에는 'yes'라고 대답했을 것이다. 이 이상한 모순에 대한 이유는 대부분의 사람들에게 첫 번째 시나리오가 어쨌든, **각각이 150달러인** 두 장의 실제 입장권을, 300달러라는 오락 총 비용으로 환산했기 때문이다. 이것은 아무리 슈퍼볼이나 대단한 연극이라고 해도 너무 많을 것이다. 반대로, 대부분의 사람들에게, 현금 150달러를 잃은 것과 입장권 비용 150달러는 어쨌든 마음속에서 두 개의 독립된 범주로 분리된다. 불행한 일이지만 관련은 없다. 다른 방식으로 일어나기 때문에 본질적으로 똑같은 두 개의 150달러의 분실 사건을 아주 다른 방식으로 다

구조 해설

❶ which cost : which 가 관계대명사 주어 cost 가 술어동사의 과거형

❷ each costing $150 : 독립분사구문으로 each 가 cost 라는 동사의 주어

052

After all, the money is the money
그 돈이 그 돈은 아닙니다

Why Smart People Make Big Money Mistakes and
How to Correct Them | Gary Belsky

ways because they occur in different manners—is a classic example of mental accounting.

The notion of mental accounts is absent in traditional economic theory, ❶ **which holds** that wealth in general, and money in particular, should be fungible: That is, $100 in roulette winnings, $100 in salary, and a $100 tax refund should have the same significance and value to you, since each C-note could buy the same number of downloads from iTunes or the same number of burgers at McDonald's.

Likewise, $100 ❷ **kept under the mattress** should invoke the same feelings or sense of wealth as $100 in a bank account or $100 in U.S. Treasury securities (ignoring the fact that money in the bank, or in T-bills, is safer than cash under the bed). If money and wealth are fungible, there should be no difference in the way we spend gambling winnings or salary. Every financial decision should result from a rational calculation of its effect on our overall wealth.

패턴과 어휘

- classic example 전형적인 본보기
- C-note 백 달러 지폐
- fungible 대체 가능한
- roulette 돌아가는 회전판으로 운을 가리는 게임
- T-bills 미 재무성 발행 채권
- treasury securities 미 재무성 발행 채권

루는, 이런 종류의 생각은 심리회계의 전형적인 예이다.

　심리 회계라는 개념은 전통적인 경제 이론에는 없는데, **그 전통적인 경제 이론은** 일반적인 부와 특별한 돈이 대체 가능해야 한다고 **주장한다.** 다시 말해, 룰렛 게임에서 딴 100달러, 봉급 100달러, 그리고 세금 환불 100달러가 당신에게 똑같은 중요성과 가치를 가져야 한다는 것이다. 왜냐하면, 그 각각의 100달러는 iTunes에서 같은 양의 내려 받기를 할 수 있고 맥도널드에서 같은 수의 버거를 살 수 있기 때문이다.

　마찬가지로, **매트리스 밑에 간직된** 100달러는 은행 계좌에 있는 100달러나 미국 재무부 유가 증권으로 된 100달러와 똑같은 느낌과 같은 의미의 재산을 불러낼 것이다 (은행이나 t-bill 에 있는 돈이 침대 아래 있는 것보다 더 안전하다는 사실은 일단 무시하고서). 돈과 부가 대체 가능하다면, 우리가 도박 상금이나 봉급을 쓰는 방식에 차이가 있어서는 안 된다. 모든 재정적 결정은 그것이 우리의 전체 부에 미치는 영향을 합리적으로 계산한 결과로부터 일어나야 한다.

구조 해설

① which holds : hold 가 뒤에서 that 절을 받으므로 주장하다로 해석

② kept under the mattress : kept 는 과거분사로 앞의 명사 수동수식

053

Should you choose to accept it
탐 크루즈에게만 주어지는 특권이 아니랍니다

Life's greatest lessons | Hal Urban

Did you know that there are only a few differences between humans and animals? Whether you watch the family dog, an elephant in the zoo, or a mountain goat in the Andes, you'll see that they do essentially the same thing. They eat, sleep, seek shelter, and breed. Those are all instincts. That's ❶ **what they live by.** Their sole purpose is to survive. They react to chance happenings and are conditioned by their environment. That's why it's so easy to train them.

How are we ❷ **any different**? We have the same body parts and functions. And we have the same basic needs, along with the instinct for survival. Like the animals, we react to what happens around us, and we allow ourselves to become conditioned by our environment. And whether we like to admit it or not, ❸ **we're also easy to train.** The only difference is that for us, it doesn't have to be that way. We have more than instincts. We have the ability to choose. That's what separates human beings from the animal world. And if we don't exercise that ability, then we're no better off. If all we're doing is surviving, instead of living, we're simply existing.

The starting point for a better life is discovering that we

패턴과 어휘

- condition + 명사   길들이다   - only a few   복수개념으로 부정적 의미
- exercise that ability   그 능력을 행사하다   - sole purpose   유일한 목적

인간과 동물 사이에 **겨우 몇 가지** 차이점들만이 있다는 것을 알고 있었는가? 집에서 기르는 개를 보든, 동물원에 있는 코끼리를 보든, 또는 안데스 산맥의 야생 염소를 보든, 그들이 본질적으로 똑같은 행동을 한다는 것을 알 것이다. 그들은 먹고 자고 거처할 곳을 찾고 새끼를 낳는다. 그것들은 모두 본능들이다. 그것이 **그들이 사는 수단**이다. 그들의 유일한 목적은 생존하는 것이다. 그들은 우연히 생긴 일에 반응하고 그들의 환경에 의해 길들여진다. 그렇기 때문에 그들을 훈련시키는 것은 아주 쉬운 일이다.

우리는 그들과 **어떻게 다른 것일까**? 우리는 똑같은 신체 기관들과 기능들을 가지고 있다. 그리고 우리는 생존을 위한 본능과 더불어, 똑같은 기본적인 욕구들을 가지고 있다. 동물들처럼, 우리는 주변에서 일어나는 일에 반응하고, 우리 자신이 우리의 환경에 의해 길들여지도록 한다. 그래서 우리가 인정하고 싶어 하든, 아니든 간에, **우리 또한 훈련시키기 쉬운 존재이다**. 유일한 차이점이라고는, 우리에게 있어서는, 그런 방식(환경에 의해 길들여질)이 될 필요가 없다는 것이다. 우리는 본능 이상의 것을 갖고있다. 우리는 선택할 능력을 가지고 있다. 그것이 인간과 동물 세계를 구분 짓는 것이다. 우리가 그러한 능력을 사용하지 않으면, 상황이 더 나아질 수 없다. 우리가 하고 있는 모든 일이 살아가는 것이 아니라 살아남는 것이라면, 우리는 단순히 존재하고 있을 뿐이다.

더 나은 삶을 위한 시작점은 우리가 선택권이 있다는 것을 발견하는 것이다. 슬

구조 해설

❶ what they live by : live by 의 목적어가 앞의 what

❷ any different : any 는 부사로 뒤의 different 를 수식

❸ we're also easy to train : it is also easy to train us 의 변형

053

Should you choose to accept it
탐 크루즈에게만 주어지는 특권이 아니랍니다

Life's greatest lessons | Hal Urban

have choices. Sadly, many people never ❶ **do.** They live in a country that offers more freedom of choice than any in the world, yet they live like prisoners, trapped by circumstances. I'm always amazed at some of the excuses ❷ **people come up with** for not taking advantage of life's opportunities to make new choices: not enough money, no time, wrong conditions, poor luck, lousy weather, too tired, bad mood, and the list goes on. But the truth is that they just don't see their choices.

It's like being locked up somewhere and having a key in your pocket that'll set you free, but never using it simply because you don't know it's there. You have more choices than you ever dreamed possible. The key is knowing that they're there—every day of your life. We live by choice, not by chance. It isn't what happens that's most important. It's how we deal with what happens. It's what we choose to think and what we choose to do that are most important.

패턴과 어휘

- come up with   ~을 생각해내다   - take advantage of   ~을 이용하다

프게도, 많은 사람들은 **선택권이 있다는 것을 발견하**지 못한다. 그들은 세상 어떤 곳보다 선택의 자유를 더 많이 주는 나라에서 살고 있지만, 그들은 환경에 잡힌 채 죄수들처럼 산다. 새로운 선택을 할 수 있는 인생의 기회들을 이용하지 않는 것에 대해 **사람들이** 생각해 내는 변명들, 즉, 충분한 돈이 없다는 것, 시간이 없다는 것, 잘못된 조건들, 불운, 나쁜 날씨와 기분이 좋지 않은 것 등의 계속 이어지는 변명들에 나는 항상 놀란다. 그러나 진실은 그들이 그들의 선택들을 보지 못한다는 것이다.

  그것은 마치 어떤 곳에 갇혀 있으면서 그들을 자유롭게 해 줄 열쇠를 주머니에 가지고 있지만, 단지 그것이 그곳에 있다는 것을 알지 못한다는 이유 때문에 그것을 절대 사용하지 않는 것과 같다. 가능하다고 그들이 꿈꿨던 것보다 더 많은 선택권들을 당신은 가지고 있다. 관건은 그것들이 매일 그곳에 있다는 것을 알아내는 것이다. 우리는 우연에 의해서가 아니라, 선택에 의해서 우리의 삶을 영위한다. 가장 중요한 것은 일어나는 일이 아니다. 정말 중요한 것은 우리가 일어나는 일을 다루는 방식이다. 가장 중요한 것은 우리가 생각하기로 선택한 것과 하기로 선택한 것이다.

구조 해설

❶ do : discover 의 대동사

❷ people come up with : 관계사절로 앞의 excuses 를 수식

054

Do not judge a book by its cover
겉모습으로 판단하지 마세요

Customize your career | Roz Usheroff

Here's an example from my own career. I was invited to meet with a potential client to discuss my services. With his words, he told me that he was interested in ❶ **what I had to say.** However, as I explained in detail, he ❷ **looked distractedly up to the ceiling** and glanced repeatedly at his watch. He rarely made eye contact with me, and at times his eyes were closed.

To be truthful, I was put off by his behavior. However, I recognized that I had two distinct choices. One would be to cut the meeting short; I did not need this kind of treatment, after all. The second was the realization that I had put a lot of time into preparing for the meeting and that I had value to add to his company. Therefore, I was going to give it my best shot. In response, I became more conscious of my own nonverbal cues and deliberately smiled at him and spoke with confidence and friendliness in my voice. In my mind, I imagined that he was very happy to be meeting with me. When the allotted time for our meeting ran out, I asked if we could meet again the following week. ❸ **To my surprise**, he agreed.

Our second meeting was at a restaurant. Over lunch, he

패턴과 어휘

- be invited to R   ~하도록 권유받다
- be put off   기가 꺾이다
- cut + 명사 + short   중간에 그만두다, 부족하게 마무리하다, 짧게 자르다
- deliberately smile   의도적으로 미소짓다
- give it one's best shot   최선을 다하다
- nonverbal cue   비언어적 신호, 눈짓, 몸짓 등
- the allotted time   할당된 시간

여기 나의 직업에서부터 얻은 사례가 있다. 나는 내가 줄 수 있는 서비스에 대해 의논하기 위해 고객이 될 가능성이 있는 어떤 사람과 만나도록 권유 받았다. 그의 말에서, 그는 **내가 말할 내용**에 흥미가 있다고 말했다. 그러나 내가 자세히 설명을 할 때, 그는 **산만하게 천장을 보았으며** 반복적으로 그의 시계를 힐끗힐끗 보았다. 그는 거의 나와 눈을 마주치지 않았으며, 때때로 그의 눈은 감겨 있었다.

솔직히 말해서, 나는 그의 행동에 의해 의욕이 꺾였다. 하지만, 나는 내가 두 가지 분명한 선택 사항들을 가지고 있다는 것을 인식했다. 하나는 그 만남을 갑자기 끝내는 것일 것이다. 결국, 나는 이러한 종류의 대접이 필요하지 않았던 것이다. 두 번째는 내가 그와의 만남을 준비하는 것에 많은 시간을 쏟아 부었다는 것 그리고 내가 그와의 합석에 부가해야 할 가치를 가지고 있다는 사실을 깨닫는 것이었다. 그러므로, 나는 만남에 최선을 다할 예정이었다. 그것에 대한 반응으로, 나는 내 자신의 비언어적인 신호들에 대해 더 의식하게 되어서 그를 향해 의도적으로 미소를 지었고 목소리에 자신감과 친절함을 실어 말했다. 마음속으로, 그가 나와 만나고 있어서 기쁘다고 상상했다. 우리의 만남에 할당된 시간이 다 되었을 때, 나는 우리가 다음 주에 다시 만날 수 있는지 물었다. **놀랍게도**, 그는 동의했다.

우리는 식당에서 두 번째 만남을 가졌다. 점심 식사를 하면서, 내 고객은 눈에

구조 해설

① what I had to say : 문맥적으로 보아 have to 조동사가 사용된 것이 아니라 have 의 목적어로 what 을 쓰고 뒤에 to say 는 수식어로 보아야 함. 즉, '말해야 하는 것' 이 아니라 '말할 거리로 가지고 있는 것'

② looked distractedly up to the ceiling : look up to 형태에서 부사 삽입

③ To my surprise : to + 소유격 + 감정명사

054

Do not judge a book by its cover
겉모습으로 판단하지 마세요

Customize your career | Roz Usheroff

was visibly enthused about my services and eager to hear more. He asked many open-ended questions that required me to explain in detail. It was a far different meeting than our first encounter. At the end of our lunch meeting, I broached the subject with him.

"Could I be honest with you?" I asked. "I'm delighted to have the opportunity to meet with you again, but I was shocked that you agreed to a second appointment."

"Why are you so surprised?" he asked me, genuinely puzzled.

"In our first meeting," I explained, "you looked rather distracted and conscious of your time. You kept looking at your watch. I was concerned that I might be wasting your time."

"No, Roz," he explained. "I wasn't distracted at all. That's how I listen! It's funny; people say that to me all the time."

Had I merely taken his nonverbal communication at face value and reacted defensively, I would have missed a second opportunity to meet with him and ultimately work with his company.

패턴과 어휘

- be distracted
  주의가 산만하다, 집중하지 않고 있다
- be enthused about   ~에 대해 열의를 보이다
- broach + 명사   힘든 이야기를 꺼내다
- first encounter   첫 번째 만남
- open-ended questions
  주제가 특정하게 제한되지 않은 질문들

보이게 내 서비스에 대해 열중했으며 더 듣고 싶어 했다. 그는 내가 자세하게 설명할 필요가 있는 많은 개방형 (무작위로 진행되는) 질문들을 했다. 그것은 우리의 처음 만남과는 아주 다른 만남이었다. 우리의 점심식사 만남이 끝날 즈음에, 나는 그에게 말하기 어려운 그 화제를 꺼냈다.

"당신에게 솔직히 말해도 좋을까요?"라고 물었다. "당신과 다시 만날 수 있는 기회를 갖게 되어 기쁩니다. 하지만 나는 당신이 두 번째 만남에 동의한 것에 깜짝 놀랐습니다."

정말로 어리둥절해하면서, "왜 당신이 그렇게 놀랐다는 거죠?"라고 그는 나에게 물었다.

"우리의 첫 만남에서 당신은 다소 산만하고 시간을 의식하는 것처럼 보였습니다. 당신은 시계를 계속 쳐다봤죠. 나는 내가 당신의 시간을 낭비하고 있을지도 모른다고 걱정했습니다."라고 설명했다.

"아닙니다. 로즈, 나는 산만했던 것이 아닙니다. 그것이 내가 (어떤 것을 처음 들을 때) 듣는 방식입니다! 우습죠. 사람들은 항상 저에게 그러한 말을 한답니다."라고 그는 설명했다.

내가 그의 비언어적인 의사소통을 있는 대로 받아들여서 방어적으로 반응했다면, 나는 그와 만날 수 있는 두 번째 기회와 궁극적으로 그의 회사와 일할 수 있는 기회를 놓쳤을 것이다.

구조 해설

① Had I merely taken his nonverbal communication at face value : 가정법 과거완료시제에서 if 를 생략하고 의문문의 구조로 도치한 것, 뒤에 주절의 would have pp 와 호응

055

Marginal decision making
한계이익

Principles of Economics | N. Gregory Mankiw

When making a choice between two alternatives, individuals generally focus on the difference in the costs and benefits between alternatives. Economists describe this process as marginal decision making, or "thinking at the margin." ❶ **The last time you went** to eat fast food, you probably faced a decision that highlights this type of thinking. Will you get the $1.50 cheeseburger and the $1.00 medium drink, or instead get the $3.00 value meal that has cheeseburger and drink and also comes with a medium order of fries?

Marginal decision making can ❷ **help explain** some ❸ **otherwise puzzling** economic phenomena. Here is a classic question: Why is water so cheap, while diamonds are so expensive? Humans need water to survive, while diamonds are unnecessary; but for some reason, people are willing to pay much more for a diamond than for a cup of water. The reason is that a person's willingness to pay for a good is based on the marginal benefit that an extra unit of the good would yield. The marginal benefit, in turn, depends on how many units a person already has. Water is essential, but the marginal benefit of an extra cup is small because water is plentiful. By contrast, no one needs diamonds to survive, but because diamonds are so rare, people consider the marginal benefit of an extra diamond to be large.

두 가지 선택지 사이에서 결정을 내릴 때, 사람들은 일반적으로 그 선택지 사이에서 비용과 이익에 있어서의 차이점에 초점을 맞춘다. 경제학자들은 이 과정을 수익점 결정, 혹은 "수익에 대한 생각" 이라고 묘사한다. **당신이 마지막으로 패스트푸드를 먹으러 갔을 때,** 당신은 이런 유형의 사고를 강조하는 결정에 직면했을 것이다. 당신은 1불 50센트의 치즈버거와 1불짜리 중간 사이즈의 음료수를 마실 것인가, 혹은 그 두 개에 또한 중간 사이즈의 튀김 감자를 포함한 3불짜리 식사를 살 것인가?

한계 이익 결정은 **다른 방식으로는 혼돈스러운** 경제현상을 **설명하는데 도움을 줄 수 있다.** 여기에 전형적인 예가 있다. "왜 다이아몬드가 그렇게 비싼 반면, 물은 그렇게 값싼가?" 생존을 위해서, 다이아몬드는 불필요한 반면, 인간은 물을 필요로 한다. 하지만 어떤 이유에서인지, 사람들은 물 한 잔보다는 다이아몬드 한 개에 기꺼이 훨씬 더 많이 지불한다. 그 이유는 한 사람이 어떤 재화에 대해 기꺼이 지불하려고 하는 것이 그 재화의 추가 단위가 가져다 줄 한계 이익에 근거를 두기 때문이다. 다시 한계 이익은 한 사람이 얼마나 많은 단위를 이미 갖고 있는가에 달려있다. 물이 없어서는 안 되지만, 물이 풍부하기 때문에 추가의 한 잔의 한계 이익은 작다. 이와는 대조적으로, 생존하기 위해 어느 누구도 다이아몬드를 필요로 하지 않지만, 다이아몬드가 너무 희귀하기 때문에, 사람들은 추가 다이아몬드의 한계이익이 크다고 간주한다.

패턴과 어휘

- come with   ~와 함께 나오다, ~가 달려 나오다
- highlight + 명사   ~를 강조하다
- describe A as B   A를 B로 묘사하다
- unit   하나의 단위

구조 해설

① The last time you went : 앞의 the last time 은 접속사역할을 하여 두 개의 절을 연결한다. the first time, every time, each time, the next time 등의 표현이 더 있다.

② help explain : help 다음에 to 를 집어 넣어도 된다.

③ otherwise puzzling : otherwise 는 '그렇지 않을 경우' 라는 가정의 내용을 포함.

056 Think of the lowest opportunity cost
기회비용

Modeling dynamic economic systems | Matthias Ruth

Opportunity cost is the utility or profits foregone by choosing one alternative over another. Whether consciously or not, every day we make decisions by comparing opportunity cost. If the pleasure of going to the movies exceeds that of staying at home and reading a book, you will likely find yourself going to the movies.

Similarly, companies must compare alternative actions with each other and ❶ **decide which to take.** A rational strategy is to choose the action with the lowest opportunity cost. For example, a firm may decide on keeping some of its products in stock to be able to meet demand when demand, and thus price, is high. However, keeping an inventory is costly ❷ **not just because** goods have to be stored. Inventory cost also arises from the loss of income that could have been generated if the goods had been sold.

패턴과 어휘

- in stock 재고 상태인
- inventory cost 재고비용
- opportunity cost 기회비용

기회비용은 다른 것보다 어떤 하나의 대안을 선택함으로써 버려진 효용이나 이익이다. 의식적이든 아니든, 우리는 매일 기회비용을 비교함으로써 결정을 내린다. 영화를 보러 가는 즐거움이 집에 머물러 책을 읽는 즐거움보다 더 크다면, 당신은 아마도 영화구경을 갈 것이다.

　이와 마찬가지로, 회사들은 선택적인 활동들을 서로 비교해서 **어느 것을 선택할지를 결정**해야 한다. 합리적인 전략은 가장 낮은 기회비용을 가진 활동을 선택하는 것이다. 예를 들어, 한 회사는 수요가 높아서 가격이 높을 때, 수요를 충족시킬 수 있기 위해서 그 회사의 제품의 일부를 재고로 쌓아 두는 결정을 내릴지 모른다. 그러나 재고를 쌓은 것은 비용이 들 수 있는데 그것은 상품이 저장되어**야하기 때문만은 아니다**. 그 상품이 팔렸다면 발생할 수도 있었을 수입의 손실로부터 재고 비용이 또한 생긴다.

구조 해설

❶ decide which to take : wh~ + to R 구조가 타동사 decide 의 목적어 역할

❷ not just because : 뒤에 but also B 구조를 전제로 하고 있으므로 문장이 마침표로 끝나도 B 에 해당하는 글이 이어진다.

057 It is not beer belly, it's fat belly

내장지방, 복부비만 경계하세요

Low-Calorie Dieting For Dummies | Susan McQuillan

When you're overweight, you're also overfat. Otherwise, being overweight would mean that your excess weight is coming from muscles, bones, skin, and water. That's not likely unless you've built up ❶ **so much muscle from strength training that you've gained weight from it**, or you're retaining fluids for some reason, or you have impossibly dense bones that are adding to your normal weight. At most, you may be a few pounds over your usual weight if your extra weight is muscle from working out or water retention from hormone fluctuations. But neither of these are weight concerns.

Being overweight from extra fat, however, means that losing weight will probably be beneficial to your health. If you have a family history of high blood pressure, heart disease, diabetes, high cholesterol, or certain types of cancer, losing weight by cutting calories and getting more exercise can lower your risk of developing these conditions. If you already have these conditions, losing weight may improve them.

패턴과 어휘

- add to + 명사   ~를 증가시키다
- diabetes   당뇨병
- fluid   액체
- hormone fluctuation   호르몬 이상
- that is not likely   그럴 가능성은 높지 않다
- water retention   수분 보유

당신이 과체중이라면, 당신은 또한 지방과다이다. 그렇지 않다면, 과체중이 되는 것은 당신의 초과 체중이 근육, 뼈, 피부, 그리고 수분에서 오고 있다는 것을 의미할 것이다. 당신이 **체력 단련을 통해 근육을 많이 만들어 그것으로 인해 체중이 늘지** 않았다면 또는 어떤 이유로 액체를 계속 지니고 있지 않다면, 또는 당신의 정상 체중이 더 나가게 하는 극단적인 고밀도의 뼈가 없다면 그러한 일은 일어날 것 같지는 않다. 당신의 초과 체중이 운동으로 인해 생긴 근육이거나 호르몬의 변동으로 인해 수분을 보유하는 것이라면 당신은 기껏해야 보통 체중보다 몇 파운드 더 나갈지 모른다. 그러나 이것들 중 어느 것도 체중에 대한 염려 사항은 아니다.

 하지만 초과지방으로 인한 과체중은 체중 감량이 아마도 당신의 건강에 이로울 것이라는 것을 의미한다. 당신이 고혈압, 심장질환, 당뇨병, 높은 콜레스테롤 또는 어떤 유형의 암에 대한 가족력이 있다면, 칼로리를 줄이고 더 많은 운동을 함으로써 체중을 감량하는 것이 이러한 상태를 발전시키는 것에 대한 위험을 줄여 줄 수도 있다. 당신이 이미 이런 상태라면, 체중 감량은 그것들을 개선할 수 있을 것이다.

구조 해설

❶ so much muscle from strength training that you've gained weight from it
: so + 형용사, 부사… that 절 → '매우 ~해서 ~할 정도이다'

058

I can cry when mom cries
아기도 공감능력 있습니다

Understanding the Dalai Lama | Rajiv Mehrotra

    Developmental psychologists have found that infants feel sympathetic distress even before they fully realize that they exist apart from other people. Even a few months after birth, infants react to disturbances in those around them, crying when they see another child's tears. By one year or so, they start to realize the misery is not their own but someone else's, although they still seem confused over what to do about it.

    In the research of Martin L. Hoffman at New York University, for example, a one-year-old brought his own mother over to comfort a crying friend, ignoring the friend's mother, who was also in the room. This confusion is seen, too, when one-year-olds imitate the distress of others, possibly ❶ **to better comprehend** what they're feeling. For example, if another baby hurts her fingers, a one-year-old might put her own fingers in her mouth to see if she hurts, too. ❷ **On seeing** his mother cry, one baby wiped his own eyes even though he had no tears.

패턴과 어휘

- development psychologist
  발달심리학자
- misery   비참함
- sympathetic distress   공감적 고통

발달 심리학자들은 유아들이 자신들은 다른 사람들과 개별적으로 존재한다는 것을 완전히 깨닫기도 전에 공감적 고통을 느낀다는 것을 발견했다. 태어난지 채 몇 달이 안 되어도, 유아들은, 다른 아이의 눈물을 볼 때 울면서, 주변 사람들의 심적 동요에 반응한다. 1년쯤 되면, 그들은 여전히 무엇을 해야 할지에 관해 어리둥절해 보이기는 하지만, 그 고통이 그들 자신의 고통이 아니라 다른 누군가의 고통이라는 것을 깨닫기 시작한다.

　예를 들어 Martin L. Hoffman의 연구에서, 한 살짜리 유아는 울고 있는 친구를 위로하기 위해서, 역시 방안에 있는 친구의 엄마는 무시한 채, 자기 엄마를 데리고 왔다. 이러한 혼란은 한 살짜리 유아들이, 아마도 그들이 느끼는 것을 **더 잘 이해하기 위해서,** 다른 누군가의 고통을 흉내낼 때도 보인다. 예를 들면, 또 다른 아기가 손가락을 다치면, 한 살짜리 유아는 자신도 아픈지를 알아보려고 자기 손가락을 입에 넣어 볼지도 모른다. 자신의 엄마가 우는 것**을 보자마자,** 한 아기는 비록 눈에 눈물이 없어도 자신의 눈을 손으로 닦았다.

구조 해설

❶ to better comprehend : to 다음에 부사를 넣고 동사원형을 쓰는 구조
❷ On seeing : on + ~ing → '~하는 즉시'

059

They look gross but do great
지렁이, 징그럽기만 한 걸까

Teaming with Microbes | Jeff Lowenfels

Earth-worms are incredibly strong, a necessity **given the amount of burrowing** they do. While making their way through the soil to feed, worms can move rocks that are **six times their weight.** Being in the soil provides them with moisture, temperature control, and protection from birds and other aboveground predators.

Different kinds of worms make different kinds of burrows, some permanent and others temporary. The temporary burrows are often abandoned after they become filled with castings and litter; roots grow into these pathways, able to penetrate deeper than they could by themselves, all the while having access to nutrients and the microorganisms that freed them. Certain kinds of earth-worms move up and down in the soil, sometimes as deep as 12 feet. They shred litter on the surface and pull some of it into their burrows, where it is later decomposed.

패턴과 어휘

- be decomposed   분해되다
- earth worm   지렁이
- have access to + 명사   ~에 접근하다
- microorganism   미생물
- predator   포식자
- shred + 명사   갈갈이 찢다

지렁이들은 믿을 수 없을 만큼 강한데, 이는 지렁이들이 **파는 굴의 양을 고려해보자면** 불가피한 것이다. 먹이를 먹기 위해 땅 속을 헤집고 다니면서, 지렁이들은 **자신의 무게의 6배**나 되는 바위를 옮길 수 있다. 땅 속에서 존재한다는 것은 그들에게 수분, 체온조절 그리고 새 혹은 다른 땅 위의 포식자들로부터의 보호를 제공해준다.

지렁이는 그 종류별로 각각 다른 굴 파기를 하며, 어떤 굴은 영구적이며 어떤 굴은 일시적이다. 그 일시적인 굴들은 그것들이 배설물들과 쓰레기로 가득 차고 난 후 종종 버려진다. 식물의 뿌리들이 이 통로 안으로 자라며, 그러는 동안 영양분 혹은 영양분을 배출하는 미생물들에 접근하면서, 뿌리들이 스스로 할 수 있는 것 보다 더 깊게 뻗어갈 수 있게 된다. 어떤 종류의 지렁이들은 흙 속에서 위아래로 움직이는데, 때로는 12피트 만큼의 깊이로 움직인다. 그들은 표면 위에서 쓰레기를 갈가리 찢어서 일부를 그들의 굴로 당기고, 후에 거기서 그것(쓰레기)이 분해된다.

구조 해설

❶ given the amount of burrowing : given + 명사 → '~를 고려할 때'

❷ six times their weight : 배수사 + 수량명사 , six times as heavy as···.

060

Well put words can save your life
말로써 기분을 푼다는 것

Emotion | Dylan Evans

The first technology of mood our ancestors discovered was language. People have used language in various ways to induce happiness artificially, ways that offer no obvious genetic benefits. I will mention three: consoling, entertaining, and 'venting'. The first two methods benefit the hearer; the last is supposed to benefit the speaker. Our ancestors probably consoled each other with hugs and caresses long before they learned how to talk, but once language was invented they found a new way of providing consolation by offering words of sympathy and advice. In doing so, they discovered that words can be powerful antidepressants. This practice has been around ❶ **so long that** it is now almost instinctual. Faced with friends who are feeling down, we all naturally find ourselves trying to talk them out of it. We also naturally administer the same linguistic medicine to ourselves, whispering silent words of encouragement to ourselves when we are low. Cognitive therapy, a form of psycho-therapy ❷ **pioneered by Aaron**

패턴과 어휘

- administer + 치료약 약을 처방하다	- feel down 우울하다고 느끼다
- antidepressant 항우울제	- induce 유도하다, 자아내다
- artificially 인위적으로	- instinctual 본능적인
- cognitive therapy 인지치료	- talk + 명사 + out of
- consolation 위로	말로써 어디에서 꺼내다
- console + 명사 위로하다	- vent + 감정명사
- entertain + 명사 즐겁게하다	배출하다, 감정등을 터뜨리다, 발산하다

우리의 조상들이 발견했던 기분에 대한 (기분을 표현하기 위한) 최초의 기술은 언어였다. 사람들은 인위적으로 행복을 꾀하기 위하여 다양한 방식으로, 즉, 어떤 분명한 유전적인 혜택도 제공하지 않는 방식으로, 언어를 사용해왔다. 나는 세 가지를 언급할 것인데, 이는 위안, 오락, 그리고 '발산(감정을 발산하는 것)'이다. 그 처음 두 방식(위안, 오락)은 청자에게 혜택을 주는 것으로 되어있다. 마지막 것(발산)은 화자에게 혜택을 주는 것으로 되어있다. 우리의 조상들은 그들이 말하는 법을 배우기 오래 전에 아마도 포옹과 토닥거림으로 서로를 위로했을 것이다. 그러나 일단 언어가 고안되자 그들은 동정과 충고의 말들을 함으로써 위로하는 새로운 방식을 발견했다. 그렇게 하는데 있어서(말로 위로할 때), 그들은 말들이 강력한 항우울제가 될 수 있다는 것을 발견했다. 이 관행은 **너무 오래 존재해서** 지금은 거의 본능적**이다**. 기분이 쳐진 친구를 보면, 우리 모두는 자연스럽게 그들을 말로써 우울함에서 끌어내려(말로 그들을 풀어주고자) 노력하는 우리 자신을 발견한다. 우리는 또한 자연스럽게 우리 자신에게도 같은 언어적인 약을 처방하고, 우리가 기분이 좋지 않을 때 우리 자신에게 격려하는 조용한 말을 속삭인다. 1960년대에 Aaron Beck에 의해 선구적으로 개척된 일

구조 해설

❶ so long that : '매우 ~해서 ~할 정도이다'

❷ pioneered by Aaron Beck in the 1960s : 과거분사 후치수식구

060

Well put words can save your life
말로써 기분을 푼다는 것

Emotion | Dylan Evans

Beck in the 1960s, is based on just this kind of internal monologue. While cognitive therapy may be original in the way it tries to formalize this process, the practice of talking oneself up is probably as old as language itself.

5

패턴과 어휘

- formalize   형식화, 공식화하다   - talk someone up   더 좋게 말하다
- monologue   독백

종의 심리치료의 한 형태인, 인지치료는 이런 종류(스스로에게 말하는 것)의 내부적 독백에 근거한다. 인지 치료가 이 과정을 공식화하고자 노력한다는 면에서 독창적일 수 있지만, 스스로를 더 좋게 말하는 관행은 아마도 언어 자체만큼 오래되었을 것이다.

061

What if we serve every kind of food
김밥천국은 김밥만 팔아주세요

Born Digital | John Palfrey

One of the primary reasons to be concerned ❶ **about too much information being accessible to young people** is the possibility of negative effects on decision-making. An individual's ability to make adequate decisions heavily depends on the amount of information ❷ **that person is exposed to.** Life experience suggests that more information increases the overall quality of decisions. If a decision-maker gets too little information, he or she can't see the full picture and runs the risk of making a decision without having taken important information into account. But the positive correlation between the amount of information and the quality of decision-making has limitations. At some point, additional information cannot be processed and integrated. In fact, the extra information may result in information overload, with consequences that include confusion, frustration, panic, or even paralysis. Like the rest of us, young people face the paradox of choice. As behavioral economics teaches, ❸ **the more the options, the greater the chance that a person will make no decision at all**, as studies have shown in many different contexts.

패턴과 어휘

- adequate decision   적절한 결정
- be integrated   통합되다
- behavioral economics   행동경제학
- correlation between   ~사이의 상관성
- context   문맥, 상황, 정황
- run the risk of -ing
  ~하는 위험을 무릅쓰다
- take + 목적어 + into account
  ~을 고려하다

젊은이들에게 너무 많은 정보가 접근 가능하다는 것에 대하여 우려하는 기본적인 이유들 중 하나는 의사 결정에 대한 부정적인 영향의 가능성 때문이다. 한 개인이 적절한 결정을 할 수 있는 능력은 그 사람이 노출되는 정보의 양에 심하게 의존한다. 생활 경험은 더 많은 정보가 전반적인 결정의 질을 향상시킨다고 시사한다. 만일 의사 결정자가 너무 적은 정보를 가진다면, 그 사람은 전체의 그림을 볼 수 없으며 중요한 정보를 고려하지 않은 채로 결정을 해버리는 위험을 안게 된다. 그러나 정보의 양과 의사결정의 질 사이의 긍정적인 상호관계는 한계를 가지고 있다. 어떤 지점에서, 추가적인 정보는 처리나 통합이 불가능 할 수 있다. 사실, 과잉 정보는 혼란, 초조함, 공황 혹은 심지어 마비를 내포하는 결과와 함께, 정보 과부하를 초래할 수 있다. 우리들처럼, 젊은이들도 선택의 역설에 직면한다. 행동 경제학이 가르쳐주듯이, **선택이 많으면 많을수록**, 많은 다른 정황 속에서 연구들이 보여주었듯이, **사람은 어떤 결정도 내릴 수 없을 가능성이 더 커진다.**

구조 해설

1. about too much information being accessible to young people : 전치사 about 의 목적어는 동명사 being 이하로 보고 앞의 information 은 동명사의 의미상 주어로 본다. 즉, '너무 많은 정보가 젊은이들에게 접근 가능하다는 사실에 대해'

2. that person is exposed to : 관계사절로서 앞의 the amount of information 을 수식

3. the more the options, the greater the chance that a person will make no decision at all : 비례절에서 be 동사가 양쪽 모두로부터 생략되어 있다. 원래 구조는 as the option is more, the chance that a person will make no decision at all is greater.

062

Bred here, I am not a tiger any more
가축화되고 나면

Principles and applications of domestic animal behavior | Edward O. Price

Each species has its own unique behavioral adaptations to the environment in which it is found. These adaptations are attained in part by the expression of genes which have been selected in the species' evolutionary past. Thus, some scientists have focused their studies on how behavior has changed (over generations) in the recent or ancestral past. For example, I have been particularly interested in how domestication changes the behavior of animals (Price, 2002). Taking an animal from the wild and placing it in captivity constitutes a relatively major change in the animal's environment. In captivity, animals are usually protected from natural predators, food and water are readily accessible year-round, and groups of animals are often confined to small spaces. Consequently, certain traits ❶ **selected for in nature** are no longer selected in captivity and other behavioral characteristics become more important. These changes in natural selection (in captivity) can result in genetic changes affecting behavior. One important evolutionary change ❷ **accompanying the**

패턴과 어휘

- adaptations to + 명사   ~에 대한 적응사례들
- ancestral past   계통적 과거
- be attained   달성되다, 얻어지다
- be confined to + 명사   ~에 가두어지다
- captivity   포획상태
- constitute + 명사   ~을 구성하다
- domestication   가축화, 길들이기
- focus A on B   A를 B에 집중시키다
- natural predator   천적
- readily   쉽게, 용이하게
- species   종, 종자 (단, 복수 형태 동일)
- year-round   일 년 내내

각각의 종은 그것이 발견되는 환경에 자신만의 고유한 행동으로 적응한다. 이러한 적응들은 그 종의 진화적인 과거에서 채택되어 온 유전자의 실현에 의해 부분적으로 이루어진다. 따라서, 어떤 과학자들은 어떻게 행동이 (여러 세대에 걸쳐서) 최근 과거 혹은 먼 과거에 변해왔는지에 대해 그들 연구의 초점을 맞춘다. 예를 들면, 나는 특별히 가축화가 어떻게 동물의 행동을 변화시키는지에 관심을 가져왔다. 야생에서 동물을 데려와서 그것을 감금하는 것은 동물의 환경에 있어서 비교적 주요한 변화를 구성한다. 감금 속에서, 동물들은 보통 대자연의 포식자들로부터 보호받고, 음식과 물은 일 년 내내 쉽게 이용가능하고, 집단을 이룬 동물들은 보통 작은 공간에 갇힌다. 결과적으로, **자연 속에서 채택된** 어떤 특징들은 갇힌 상태에서 더 이상 나타나지 않으며 다른 행동상의 특징들이 더 중요해진다. 이러한 (감금된 상태에서의) 자연 선택 상의 변화는 행동에 영향을 미치는 유전적 변화를 불러일으킨다. **가축화 과정을 동반하는** 하나의 중요한 진화적

구조 해설

① selected for in nature : 앞의 traits 를 꾸미는 수동수식어, for 의 목적어로 in nature 를 택한 것은 selected for nature 와 다른 뉘앙스이다. 전치사 in 을 넣어서 selected for in nature 가 되면 '자연상태를 위해 선택된 특성들' 이 되지만 selected in nature 가 되면 '자연에서 선택된' 이라는 의미가 되고 selected for nature 가 되면 '자연을 위해 선택된' 이 되어서 '자연상태를 위해 선택된' 이라는 의미가 되기 위해 for 다음에 in nature 를 하나의 명사적 의미덩어리로 택한 것.

② accompanying the domestication process : 앞의 change 라는 명사를 꾸미는 현재분사 후치수식어이다.

062

Bred here, I am not a tiger any more
가축화되고 나면

Principles and applications of domestic animal behavior | Edward O. Price

domestication process is a reduction in fearfulness of strange or novel objects ('neophobia'). This makes good sense since unfamiliar objects in nature are often dangerous (e.g. a predator, toxic food), whereas in captivity, strange objects usually do not jeopardize survival.

패턴과 어휘

- jeopardize   위태롭게 하다

인 변화는 낯설거나 새로운 대상에 대한 두려움(neophobia)의 감소이다. 자연에서는 친숙하지 않은 대상들이 보통 위험했지만 (예를 들면 포식자라거나 독이 든 음식), 감금 상태에서 낯선 물체들은 보통 생존을 위태롭게 하지 않기 때문에, 이것은 매우 맞는 말이다.

063

If in the hands of a demon
악마도 과학자가 될 수 있어요

Bending the rules | Robert A. Hinde

We live in a world community with increasing interdependence between individuals and between nations; ❶ **a trend due largely to technical advances arising from scientific research.** An interdependent community offers great benefits to its members, but by the same token it imposes responsibility on them. Every citizen has to be accountable for his or her deeds: we all, and this includes scientists, have responsibilities to our peers. Indeed, this responsibility weighs particularly heavily on scientists precisely because of the dominant role played by science in modern society.

Scientists understand technical problems and probabilistic predictions better than the average politician or citizen, and knowledge brings responsibility. While their main purpose is to push forward the frontiers of knowledge, this pursuit should contain an element of pro-social utility, that is, benefit to the human community. This means giving some precedence to projects ❷ **likely to advance the welfare of humankind and the environment,** and a total ban on those

---

패턴과 어휘

- ban on   ~에 대한 금지
- be accountable for   ~에 대해 책임을 지다
- by the same token   같은 증거로
- dominant role   지배적 역할
- impose A on B   A를 B에 부과하다
- interdependence   상호의존성
- peer   동료
- precedence   선행, 우선권, 우선순위
- probabilistic prediction   개연성에 입각한 예측
- pro-social utility   친 사회적 효용성
- weigh heavily on   ~를 무겁게 누르다

우리는 개인 사이의 그리고 국가 사이의 상호의존성이 높아지는 세계 공동체 속에 산다. 이는 **주로 과학적 연구들로부터 생겨나는 기술적인 진보들로 인한** 경향이다. 상호의존적인 공동체는 그 구성원들에게 대단한 혜택을 제공한다. 그러나 같은 이유에서 그것(상호의존적 공동체)은 그들(구성원들)에게 책임을 부과한다. 모든 시민들은 자신의 행위에 책임을 져야한다. 과학자를 포함해서 우리들 모두는 우리의 동료들에 대해 책임을 진다. 실제로는, 현대사회에서 과학의 지배적인 역할 때문에 이 책임은 과학자들에게 특별히 심하게 부과된다.

과학자들은 평범한 정치인이나 시민들보다 기술적인 문제나 가능성에 관한 예측들을 더 잘 이해하며, 지식은 책임을 수반한다. 그들(과학자들)의 주요한 목적은 지식의 접경을 확장시키는 것인 반면에, 이러한 추구는 친사회적 효용성의 요소 즉, 인간 공동체에 대한 이익을 포함해야 한다. 이것은, **어떤 조사든지 간에 장기적인 결과들을 예측하는 것이 굉장히 어렵다는 것을 염두에 두면**

구조 해설

① a trend due largely to technical advances arising from scientific research
: 앞의 내용과 동격이 되는 '집약명사' trend 뒤에 due 이하는 앞의 명사를 꾸미는 형용사구 후치수식어

② likely to advance the welfare of humankind and the environment : 앞의 projects 를 꾸미는 형용사구 후치수식어

063

If in the hands of a demon
악마도 과학자가 될 수 있어요

Bending the rules | Robert A. Hinde

❶ likely to do harm, while **❷ bearing in mind the enormous difficulty of predicting the long-term consequences of any investigation.** The ethical principles guiding the scientist must recognize his or her social responsibility. A statement made nearly four hundred years ago by Francis Bacon is fully applicable to the present time.

패턴과 어휘

- be applicable to   ~에 적용되다   - ethical principle   윤리적 원칙

서, **환경과 인간복지를 발전시킬 것 같은** 프로젝트들에 우선권을 주고 **해를 끼칠 것 같은** 프로젝트들을 전면적으로 금지하는 것을 의미한다. 과학자를 인도하는 윤리적인 원칙은 과학자 자신의 사회적 책임을 인정해야 한다. 거의 400년 전에 Francis Bacon 에 의해 만들어진 말이 현재의 시기에도 완벽하게 적용 가능하다.

구조 해설

❶ likely to do harm : 앞의 those 를 꾸미는 형용사구 후치수식어, those 는 projects 의 대명사

❷ bearing in mind the enormous difficulty of predicting the long-term consequences of any investigation : bear 의 목적어는 뒤의 the enormous 이하, 타동사의 목적어가 길어서 in mind 뒤로 보냈음.

064

Multitasking gets you nowhere
운전하면서, 신문보면서, 면도하면서

Good business | Mihaly Csikszentmihalyi

One of the fashionable concepts of high-tech companies, "multitasking," is ❶ **more a myth than a reality.** Humans cannot really successfully multitask, but can rather move attention rapidly from one task to the other in quick succession, which only makes us feel as if we were actually doing things simultaneously. However, this strategy is not as effective ❷ **as is widely believed.** It takes ❸ **anywhere from fifteen minutes to an hour** to get one's mind around a difficult problem, to establish the conditions to develop a worthwhile solution. If one switches too soon and too often from one task to the next, it is likely that what the mind will come up with is going to be superficial, ❹ **if not trivial.** It is much preferable to work on a single task until one becomes stymied; at that point switching to another problem will come as a relief. Then, after the new task becomes tiresome, one can return to the original problem refreshed.

패턴과 어휘

- come as   ~로서 인식되다, 다가오다
- come up with   ~을 생각해 내다
- in succession   연속적으로
- multitask
  (동) 여러 가지 일을 하다, 여러 가지 일(명사)
- stymie   방해하다(원래 골프용어)
- superficial   피상적인
- switch   전환 장치(명), 전환하다, 바꾸다 (동) + from A to B
- tiresome   성가신, 귀찮게 하는

첨단기술 회사들 사이에서 유행하는 개념 중의 하나인 '다중임무'는 **현실이라기보다는 근거 없는 믿음이다.** 인간은 정말로 성공적으로 다중임무를 수행할 수는 없지만, 오히려 하나의 임무에서 다른 하나로 연속적으로 빠르게 주의를 돌릴 수는 있다. 그런데 그것이 마치 우리가 실제로 동시에 여러 가지 일들을 하고 있는 것처럼 느끼게 만들뿐이다. 그러나, 이러한 전략은 **광범위하게 받아들여지고 있는 것만큼** 그렇게 효과적이지는 않다. 한 사람의 마음을 어려운 문제에 집중시키고, 가치 있는 해결책을 만들기 위한 상황을 설정하는 것은 **15분에서 1시간 사이가** 소요된다. 만일 그 사람이 너무 빨리, 혹은, 너무 자주, 하나의 임무에서 다른 것으로 옮겨가면, 그의 두뇌가 얻어내는 것은 **사소한 것은 아닐지라도** 피상적이게 될 가능성이 크다. 여러분이 방해 받을 때까지 하나의 일에 집중하는 것이 훨씬 더 낫다. 그 시점에서는 다른 문제로 옮겨가는 것이 하나의 다행스런 일로 인식될 것이다. 그 새로운 일이 점점 귀찮아진 후, 여러분은 본래의 문제에 상쾌한 상태로 돌아갈 수 있다.

구조 해설

1. more a myth than a reality : more A than B = less B than A = not so much B as A = 'B 라기 보다는 A 이다'

2. as is widely believed : as 가 주격관계사(유사관계대명사)로 활용되었으며, 선행사 혹은 선행사가 수식 하거나 보어관계에 있는 명사가 원급비교형태를 가져서 'as + 형용사' 를 취할 때 사용.

3. anywhere from fifteen minutes to an hour : 'from A to B 사이의 어떤 곳도 가능'

4. if not trivial : if not A 는 보통 콤마에 의한 삽입구조로 사용하며 '설령 A 는 아니라 해도' 라는 양보적 의미가 있다.

065

We can't help being just used to it
늘 새로울 수 만은 없습니다

Brain Matters | Pat Wolfe

One key component in the filtering process is whether the incoming stimulus is different from what we are used to seeing—whether it is novel. Novelty is an innate attention-getter. To survive, our remote ancestors had to be aware of any novel or unique stimuli present in the environment. We're not much different. Our brains are still programmed to pay attention to the unusual, such as a detour sign along a familiar route we're driving. Teachers often take advantage of this phenomenon by providing information in a surprising or novel manner—they come to class ❶ **dressed in the costume of a historical character** or give students balloons to introduce a lesson on air pressure, for example.

However, novelty is difficult for a teacher to employ on a daily basis to obtain students' attention. The reason is something called habituation. If a sight or sound is new and unusual, we initially pay close attention to it, but if this same sight or sound occurs over and over, the brain normally becomes so accustomed to the stimulus ❷ **that it ignores it**. This is known as habituation. If you have ever lived near

패턴과 어휘

- attention getter	주목을 끌게 하는 것	- incoming stimulus	들어오는 자극
- costume	특정한 역할을 하기 위한 의상	- key component	중요한 구성요소
- detour sign	우회 표지판	- novelty	새로움
- employ + 명사	채택하다, 채용하다	- on a daily basis	매일을 기반으로
- filtering process	걸러내는 과정	- take advantage of	~을 이용하다
- habituation	습관화		

(뇌의) 여과 과정에서 핵심적인 한 요소는 들어오는 자극이 우리가 보는데 익숙해진 것과 다른지의 여부, 즉 그것이 새로운지의 여부이다. 새로움은 본질적으로 주의 집중 요소이다. 생존하기 위하여, 우리의 오래전 선조들은 환경에서 존재하는 어떤 새로운 혹은 독특한 자극을 알아채야했다. 우리도 크게 다르지 않다. 우리의 뇌는 여전히, 우리가 가고 있는 친숙한 길을 따라 (놓여진) 우회로 표지판과 같은, 일상적이지 않은 것에 관심을 주도록 프로그램 되어있다. 선생님들은 보통 놀랍거나 새로운 방식으로 정보를 제공함으로써 이러한 현상을 이용한다. 예를 들면 그들은 **역사적인 인물의 의상**을 입고 교실에 오거나 학생들에게 기압에 대한 수업을 소개하기 위하여 풍선을 준다.

그러나, 선생님이 학생들의 주의를 끌기 위하여 매일 새로움을 이용하기는 어렵다. 그 이유는 습관화라고 불리는 어떤 것 때문이다. 만일 한 광경이나 소리가 새롭고 이상하다면, 우리는 처음에는 그것에 상당한 주의를 기울이지만, 만일 이 똑같은 광경이나 소리가 반복해서 일어난다면, 뇌는 보통 너무 그 자극에 익숙**해져서 그것을 무시한다**. 이것은 습관화라고 알려져 있다. 만일 당신이 이전에 공

> **구조 해설**

① dressed in the costume of a historical character : 앞의 class 를 꾸미는 후치수식분사구가 아니라 come 과 연동된 분사구문으로 추가보어적 역할을 한다. '~된 채로' 라고 해석한다.

② that it ignores it : 앞의 so 와 연동된 정도절

065

We can't help being just used to it
늘 새로울 수 만은 없습니다

Brain Matters | Pat Wolfe

an airport, chances are you reached a point where you seldom paid attention to the planes taking off and landing. To be sure, you cannot avoid hearing a nearby jet taking off, but after the same sound is continually repeated on a daily
5 basis, it is no longer novel and becomes filtered out by the sensory system as unimportant. This is why a device such as flicking the light switch off and on to get students' attention eventually loses its effectiveness. The students have become habituated to the flicking light and hence don't attend to it.

패턴과 어휘

- chances are + 절 아마도 ~일 것이다   - flick + 명사 가볍고 빠르게 치거나 작동시키다

항 근처에 산 적이 있다면, 아마도 좀처럼 비행기의 이륙이나 착륙에 주의를 기울이지 않는 시점에 도달했을 것이다. 확실히, 당신은 가까운 제트기의 이륙을 듣는 것을 피할 수 없을 것이지만, 같은 소리가 계속해서 매일 반복된 후에, 이것은 더 이상 새롭지 않고 감각 시스템에 의해서 중요하지 않은 것으로 여과된다. 따라서 학생들의 주의를 끌기 위하여 전등 스위치를 켰다 껐다 하는 동작과 같은 그런 장치는 결국은 효력을 잃는다. 학생들은 등을 켜고 끄는데 습관화되며 결과적으로 그것에 주의를 기울이지 않는다.

066

Time flies but human beings don't
시간만이 진화의 결과를 알고 있다

Origins of the social mind | Bruce J. Ellis

Time is a core component in the process of evolution, because ❶ **it is over time that** natural selection "sculpts" organisms in ways that maintain or enhance their reproductive fitness. A truism about time is that the future is fundamentally uncertain, so ❷ **it remains the case that** what in the past might have proved to be adaptive could, sometime in the future, prove otherwise. This reality, of course, is what the process of natural selection is all about. Physical and physiological features or behaviors of an organism that once may have contributed to its reproductive success but no longer do so become susceptible to elimination by natural selection. This is most likely to occur when the feature in question undermines reproductive success in the changed ecology ❸ **and least likely when** the changed ecology merely renders the once adaptive feature neutral in terms of its fitness consequences (vestigial traits, e.g., the human tailbone).

패턴과 어휘

- core component 핵심적 요소
- enhance + 명사 향상시키다, 강화하다
- in terms of ~의 관점에서
- least likely
  가장 적은 가능성으로, 가장 적은 가능성이
- render + 명사 + 형용사
  ~을 어떤 상태로 만들다
- sculpt + 명사 조각하다
- susceptible to + 명사
  ~에 취약한, 영향을 받기 쉬운
- truism 사실, 진실
- undermine + 명사
  파괴하다, 저해하다, 갉아먹다
- vestigial (형) 흔적으로 남아 있는

시간은 진화의 과정에서 핵심적인 요소이다. 왜냐하면 유기체들의 번식적인 적응력을 유지하거나 향상시키는 방식으로 자연 선택이 유기체들을 "조각하는"것은 시간이 걸리기 때문이다. 시간에 관한 당연한 사실은 미래가 기본적으로 불확실하다는 것이며, 따라서 과거에 적응력이 있다고 증명되었을지도 모르는 것이, 미래에 언젠가는, 반대로 증명될 수 있다는 것이 사실로 남아있다. 물론, 이러한 현실이 자연선택의 과정에 관한 모든 것이다. 한때 번식의 성공에 공헌했지만 더 이상은 그렇지 못한 한 유기체의 신체적, 생리적 특징이나 행위들은 자연 선택에 의해 제거되기 쉽다. 이것(자연선택에 의한 제거)은 바뀐 생태환경 속에서 이 의문시되던 특질이 번식의 성공을 저해할 때 일어날 가능성이 매우 크며 그 변화된 생태환경이 한때 적응적이었던 특징을 그것의 적응 결과와 관련해서 단지 중립적(별로 영향력이 없는 상태)으로 만들 때 가장 적게 일어날 것이다 (예를 들자면 인간의 꼬리뼈처럼 남아 있는 특징들이 그러하다).

구조 해설

1. it is over time that : 강조구문
2. it remains the case that : it 은 가주어, that 절 이하가 진주어
3. and least likely when : 접속사 and 는 앞에서 this is 다음에 연결되며 when 앞에서는 to occur 이 생략되어있다.

067

You just can't use 10 % of it
그 기능들, 실제로 다 쓸 수 있나요

Why Smart People Make Big Money Mistakes and
How to Correct Them | Gary Belsky

Options are con artists. They seduce with a promise of joy, but often leave us confused and wanting. Consider this experiment conducted a few years ago by marketing professors Debora Viana Thompson, Rebecca Hamilton, and Roland Rust. When they offered consumers a choice of different digital devices (video players, PDAs, and the like) some six in ten picked the option with the most features. Also, when given the chance to customize their device, the average person chose twenty features out of a possible twenty-five. But when actually using their new gizmos, most consumers quickly fell prey to what the researchers call "feature fatigue"; that is, they become quickly tired of using all those extras (if they even figured out ❶ **how to**). In their paper, the researchers discuss our tendency, when buying, ❷ **to value capability over usability.** We might just say that humans have "big eyes," which is relatively harmless when loading up at a salad bar but costly when spending more for features and options you'll likely never use.

패턴과 어휘

- and the like   비슷한 종류로 기타 등등
- customize their device
  장치를 개인별로 맞춤 제작 해주다
- con artist   사기꾼
- fall prey to + 명사   ~에 희생자가 되다
- gizmo   간단한 기계장치
- six in ten
  10 중에서 6 (in 대신 out of 도 가능)
- wanting   부족한

선택사항들은 사기꾼들이다. 그것들은 즐거움에 대한 약속을 가지고 유혹하지만 종종 우리들을 당황하게 하고 부족하게 (느끼도록)만든다. 몇 년 전에 Debora Viana Thompson, Rebecca Hamilton, and Roland Rust라는 마케팅 교수들에 의해 수행되었던 다음과 같은 실험을 고려해보라. 그들이 소비자들에게 여러 가지 디지털 장치들(비디오 플레이어, PDA 등등)에 대한 선택을 제공했을 때 열 명 중에 6명쯤이 대부분의 기능을 겸비한 옵션을 골랐다. 또한, 그들의 장치를 개인에게 맞춰주는 기회가 주어졌을 때, 보통 사람들은 가능한 25가지 중에 20가지 기능을 골랐다. 그러나 그들의 새로운 장치들을 실제로 사용할 때, 대부분의 고객들은 빠르게 연구자들이 "기능 피로" 라고 부르는 것의 희생자가 되었다. 즉, 그들은 이 모든 추가기능들을 사용하는데 빨리 지치게 되었다 (그들이 심지어 **사용하는 방법**을 알아냈을 지라도). 그들의 논문에서, 그 연구자들은, 구매할 때 **사용의 편리함보다 기능이 많은 것에 더 가치를 두는**, 우리의 경향성에 대해 논한다. 우리는 단순히 인간이 "큰 눈(욕심을 내는 경향)"을 가지고 있다고 말할 수 있는데, 그것은 샐러드 바에서 음식을 많이 담을 때는 비교적 무해하지만 당신이 절대 사용할 것 같지 않은 기능들이나 선택사항들을 위해 돈을 더 쓸 때는 비싼 것이다.

구조 해설

① how to : to 다음에 use the features 가 의미상 생략되었음

② to value capability over usability : 앞의 tendency 와 연동되었음. value A over B 구조로, 'A 를 더 중시한다' 는 의미

068

Wow, so cheap for a whole year use?
한 달에 반도 못 온답니다

Why Smart People Make Big Money Mistakes and
How to Correct Them | Gary Belsky

Overconfidence comes in many flavors, ❶ **one of them unwarranted optimism.** In a revealing study several years ago, economists Stefano Delia Vigna and Ulrike Malmendier analyzed records from three U.S. health clubs and discovered that ❷ **gym-goers would have been better off, financially, had they chosen to pay** per workout rather than signing up for monthly or annual memberships. That is, even with the "discount" that came with a long-term commitment, members paid more on average per visit than they would have paid had they bought a single-day or ten-visit pass. It seems the average fitness fanatic didn't go the gym often enough to justify the membership expense. So why did members consistently pay more than necessary? Overconfident about their willpower or commitment to fitness, they overestimated the frequency of their future gym visits; because they went less often to the club than they predicted, they paid more per visit than they intended. Sometimes high hopes are just that.

패턴과 어휘

- commitment to + 명사
  ~에 대한 헌신이나 열심, 공약
- overestimate + 명사   과대평가하다
- revealing study
  어떤 사실을 밝혀내는 연구
- sign up for   ~에 등록하다

과신은 많은 맛으로 나오는데(다양한 형태로 보여지는데), 그것들 중 하나는 보증되지 않는(근거 없는) 낙관주의이다. 몇 년 전에 사실을 밝히는 한 연구에서, 경제학자인 Stefano Delia Vigna과 Ulrike Malmendier은 미국의 헬스클럽 세 곳으로부터의 기록을 분석하고 체육관에 가는 사람들이 월간 혹은 연간 회원권을 구매한 것보다 갈 때마다 돈을 지불하는 것을 선택했더라면 경제적으로 더 나았을 것이라는 것을 발견했다. 즉, 장기간의 등록으로 함께 주어지는 "할인"이 있을지라도, 회원들은 하루 입장권 혹은 열 번 입장권을 샀을 때 지불했을 것보다 1회 방문 당 평균적으로 더 많은 비용을 지불했다. 평균적인 건강 열성 팬들은 그 회원권 비용을 합리적으로 만들 만큼 충분히 자주 체육관에 가지 않는 것 같다. 그렇다면 왜 회원들이 항시 필요 이상의 돈을 지불할까? 건강에 대한 그들의 의지력 혹은 헌신에 과신했기 때문에 그들은 미래의 체육관 방문 횟수를 과대평가했다. 그들은 예측했던 것보다 체육관에 덜 갔기 때문에, 방문할 때마다 의도했던 것보다 더 많은 돈을 지불했다. 높은 희망이란 때로 단지 그런 것이다.

구조 해설

❶ one of them unwarranted optimism : 독립분사구문(주절의 주어와 종속절의 주어가 일치하지 않을 경우 종속절의 동사를 ing 로 만들어 분사구문화할 때, 종속절의 술어동사가 be 동사일 경우, 뒤에 보어가 있으면 being 을 생략할 수 있다. 따라서 one of them 이 종속절의 주어, unwarranted optimism 이 종속절의 보어이다. 이 부분을 절로 고치면 대략 and one of them is unwarranted optimism. 이 된다.

❷ gym-goers would have been better off, financially, had they chosen to pay : 가정법에서 과거사실을 반대로 가정하는 경우 if 절에서 if 를 생략하면 의문문의 구조로 도치되어 had + 주어 + pp 구조가 나온다.

069

Done one at a time is the answer
당장, 하나씩 처리하세요

Mind Magic | Marta Hiatt

An essential element of self-esteem is the judgment we make about ourselves because of what we accomplish. Taking care of the things in our lives we tend to put off ❶ **helps build** self-esteem. If you constantly procrastinate, you give yourself plenty of opportunity to consider yourself incompetent or a failure. Routinely taking care of things is a way of clearing your mind and having more energy, because you're not tying up a portion of that energy by holding something in the back of your mind that has to be done. By handling everyday tasks, you are handling your life; and it will convince your mind that you are an adequate person. Taking care of these tasks is a way of being here now, and living in the present. To free your mental energy, begin doing the tasks you have avoided, ❷ **and** an increase in self-esteem will automatically follow as a result of your accomplishments.

패턴과 어휘

- incompetent 경쟁력 없는, 무능한
- procrastinate 일을 질질 끌다
- self-esteem 자긍심

자긍심의 근본적인 요소는 우리가 성취하는 것을 이유로 삼아 스스로에 대해서 내리는 판단이다. 우리가 미루는 경향이 있는 우리 삶 속의 일들을 처리하는 것은 **자긍심을 세우는 것을 도와준다**. 만일 당신이 일을 질질 끈다면, 당신은 자신에게 스스로를 능력이 없거나 실패자라고 여길 많은 가능성을 주게 된다. 규칙적으로 일들을 처리하는 것은 당신의 마음을 맑게 하고 더 많은 에너지를 가지는 방식이 된다. 왜냐하면 당신의 마음 한구석에 처리되어야 하는 무엇인가를 붙들고 있음으로써 당신이 그 에너지의 일부를 묶어 두지 않기 때문이다. 일상적 일들을 처리함으로써, 당신은 삶을 다루고 있는 것이다. 그리고 그것은 당신의 마음에게 자신이 적합한 사람이라고 확신시켜 줄 것이다. 이러한 일들을 처리하는 것은 현재에 존재하고 현재를 살아가는 한 방식이다. 당신의 정신적 에너지를 자유롭게 하기 위하여, 당신이 피해왔던 일들을 하기 시작해라, **그러면** 자긍심의 고조가 당신의 성취에 대한 결과물로서 자동적으로 따라올 것이다.

구조 해설

1. helps build : Taking 이하 동명사구를 주어로 하는 술어동사 helps 가 뒤에서 원형부정사 build 를 목적어로 취한 구조

2. and : 명령문 + and + S will VR 구조에서 왔으므로 and 는 '그러면' 으로 해석하는 것이 가장 적절하다.

070

Are you a big fan of those big words?
세뇌용 구호의 실체

On populist reason | Ernesto Laclau

The power of words is bound up with the images they evoke, and is quite independent of their real significance. Words whose sense is the most ill-defined are sometimes those that possess the most influence. Such, for example, are the terms, democracy, socialism, equality, liberty, etc., whose meaning is ❶ **so vague that** bulky volumes do not suffice to fix it precisely. Yet it is certain that a truly magical power is attached to those short syllables, as if they contained the solution of all problems. They synthesise the most diverse unconscious aspirations and the hope of their realization.

패턴과 어휘

- be attached to + 명사   ~에 붙여져 있다
- be bound up with   ~와 묶여 있다
- evoke + 명사   ~를 불러 일으키다
- ill-defined   잘못 규정된
- independent of   ~로부터 독립된, 따로 떨어진
- possess + 명사   ~을 소유하다
- suffice to R   ~할 정도로 충분하다
- syllable   음절
- synthesize + 명사   ~을 합성하다

단어들의 힘은 그것들이 불러일으키는 이미지와 밀접한 관련이 있으며, 그것들의 실제적인 의미와는 꽤 떨어져있다. 가장 안 좋게 정의된 의미를 가진 단어들이 때로는 가장 큰 영향력을 가지는 것들이다. 예를 들면, 그러한 것들은 민주주의, 사회주의, 평등, 자유 등의 용어들인데, 그 단어들의 의미는 **너무 막연해서** 두꺼운 책들로도 의미를 정확하게 규정하기에는 충분하지 않다. 그러나, 마치 그 말들이 모든 문제들에 대한 해결책을 가지고 있는 것처럼, 이렇게 짧은 음절들에 진정으로 마법 같은 힘이 붙는 것이 확실하다. 그것들은 가장 다양한 무의식적인 열망들과 그 열망들의 실현에 대한 희망을 합성한다.

구조 해설

❶ so vague that : '~할 정도로 매우 애매한', so + 형, 부 + that 절 구조

071

The love light in your eyes is gone
이젠 네가 싫어졌어

The best American science and nature writing
| Tim Folger

Sarah F. Brosnan, one of my colleagues at Yerkes, went further in exploring reactions to the way ❶ **rewards are divided.** She would offer a capuchin monkey a small pebble, then hold up a slice of cucumber as enticement for returning the pebble. The monkeys quickly grasped the principle of exchange. ❷ **Placed side by side**, two monkeys would gladly exchange pebbles for cucumber with the researcher. If one of them got grapes, however, and the other got cucumber, things took an unexpected turn. Grapes are much preferred. Monkeys who had been perfectly willing to work for cucumber suddenly went on strike. ❸ **Not only did they perform reluctantly**, seeing that the other was getting a better deal, but they became agitated, hurling the pebbles out of the test chamber and sometimes even the cucumber slices. A food ❹ **normally never refused** had become less than desirable.

패턴과 어휘

- agitate + 명사   흔들다, 동요시키다
- desirable   바람직한, 갖고 싶은
- enticement   미끼, 유혹하는 물건
- exchange A for B
  B를 얻기 위해 A를 교환하다
- go further
  더 나아가다, 심화로 들어가다
- go on strike   파업을 하다
- grasp the principle   원리를 이해하다
- hurl + 명사   세게 던지다

Yerkes 에서의 나의 동료중의 한 명인, Sarah F. Brosnan 은 **보상품이 분배되는** 방식에 대한 반응을 연구하는데 있어서 더 나아갔다. 그녀는 흰목꼬리감기 원숭이에게 작은 조약돌을 주곤 했는데, 그리고는 그 조약돌을 돌려주는 것에 대한 미끼로 한 조각의 오이를 들고 있었다. 그 원숭이들은 재빨리 교환의 원리를 이해했다. **나란히 자리를 잡은 채로**, 두 원숭이는 오이를 위해 조약돌을 연구자와 즐겁게 교환하곤 했다. 그러나 만일 그들 중 하나가 포도를 받고 다른 하나는 오이를 받았을 때, 상황은 예기치 못한 반전을 겪었다. 포도가 훨씬 선호된다. 오이를 위해 절대적으로 기꺼이 행동하던 원숭이들이 갑자기 반항을 했다. 다른 놈이 더 나은 대접을 받는 것을 보자, **그들은 마지못해 그 교환 행동을 했을 뿐 아니라**, 동요하게 되었고 테스트 방 밖으로 조약돌이나 때로는 심지어 오이 조각 마저도 세게 던져버렸다. 일반적으로 절대 거절되지 않았던 음식이 원치 않는 것이 되었다.

구조 해설

① rewards are divided : 관계사절로 앞의 way 를 수식

② Placed side by side : 수동분사구문으로 의미상 주어는 주절의 주어와 동일

③ Not only did they perform : not only A but also B 가 절을 연결할 때 A 의 도치

④ normally never refused : 분사후치수식으로 앞의 A food 를 꾸민다

072

OMG, everyone is agent Smith!
다른 것들 속에서 사는 즐거움

Dogs don't bite when a growl will do | Matt Weinstein

The truth is that everyone has a story. Every person we meet has a story that can, in some way, inform us and help us as we ❶ **live the story of our own lives.** When we acknowledge this truth and begin to look at others as potential sources of valuable information, we open ourselves up to new-possibilities in our lives. In reality, the people who are most different from us probably have the most to teach us. ❷ **The more we surround ourselves with people who are the same as we are, who hold the same views, and who share the same values, the greater the likelihood that we will shrink as human beings rather than grow.**

Many times I have heard people use the old saying, "birds of a feather flock together," as a justification for hanging out with people who share their own opinions and lifestyle. As a matter of fact, this is absolutely untrue. If you check the woods surrounding my house, you will find all sorts of different birds hanging out together. Some, like the mocking birds, are even learning new songs from other kinds of birds.

패턴과 어휘

- hang out with
  ~와 어울려 돌아다니다
- mocking bird 다른 새의 소리를 흉내내는 지빠귀 류
- shrink, shrink + 명사
  움츠러들다, 축소되다, 축소시키다, 위축시키다

사실, 모든 사람들이 (나름대로)이야기를 가지고 있다. 우리가 만나는 모든 사람들은 어떤 면으로는, **우리가 우리 자신의 이야기로 살아가면서**, 우리들에게 정보를 주고 우리를 도와줄 수 있는 이야기를 가지고 있다. 우리가 이 진실을 인정하고 다른 이들을 잠정적인 소중한 정보의 근원으로 바라보기 시작할 때, 우리 삶의 새로운 가능성들을 향해 우리 자신을 열게 된다. 실제로, 우리와 가장 다른 사람들이 아마도 우리에게 가르쳐 줄 가장 많은 것을 가지고 있을 것이다. **우리가 스스로를 우리와 비슷하고, 같은 견해를 가지고, 같은 가치를 공유하는 사람들로 에워 쌀 수록, 우리는 인간으로서 성장하기보다는 움츠러들** 가능성이 더 크다.

나는 사람들이 그들 자신의 의견이나 생활 양식을 공유하는 사람들**과 함께 어울리는 것**에 대한 변명으로, "유유상종" 이라는 오랜 속담을 사용하는 것을 여러 번 들어왔다. 사실상, 이것은 절대적으로 틀린 말이다. 만일 당신이 나의 집 주변을 에워 싼 숲을 확인해본다면, 당신은 온갖 종류의 다른 새들이 함께 어울리는 것을 발견할 것이다. **흉내 지빠귀**와 같은 일부 새들은 심지어 다른 종류의 새들로부터 새로운 노래들을 배우기까지 한다.

구조 해설

1. live the story of our own lives : live 가 타동사로 사용되면 동족목적어를 취한다. 원래는 live a life 가 적합한 표현이지만 그것에 준하는 다른 명사도 목적어도 받을 수 있다. 이 경우는 a story of life 가 된다.

2. The more we surround ourselves with people who are the same as we are, who hold the same views, and who share the same values, the greater the likelihood that we will shrink as human beings rather than grow : the + 비교급, the + 비교급 용법의 해석이 적용된다. 이 문장에서는 부사 much 와, 주절의 주어 the likelihood 의 보어격인 형용사 great 가 비교급을 유도하고 있으며 주절에서는 술어동사 is 가 생략되어져 있다. 술어동사의 위치는 the greater is, 혹은 the likelihood is, 혹은 맨 마지막에 grow 다음에도 넣을 수 있으나 만약 넣는다면 주어가 동격의 명사절을 동반하고 있으므로 길어지게 되어 맨 마지막에 넣은 것은 좋지 않다. 따라서 가장 좋은 위치는 the greater is the likelihood 이다.

073

Do we have to kill to eat?
꼭 죽여야 하나요?

Eating animals | Jonathan Safran Foer

In the United States, farmed animals represent more than 99percent of all animals with whom humans directly interact. In terms of our effect on the "animal world"—whether it's the suffering of animals or issues of biodiversity and the interdependence of species that evolution ❶ **spent millions of years bringing into this livable balance**—nothing comes close to having the impact of our dietary choices. Just as ❷ **nothing we do has the direct potential to cause nearly as much animal suffering as eating meat**, no daily choice that we make ❸ **has a greater impact on** the environment.

패턴과 어휘

- biodiversity   생물적 다양성
- come close to + 명사   ~에 근접하다
- have an impact on   ~에 영향을 끼치다
- interact with   ~와 상호 교류하다
- represent + 명사   대표하다, 대변하다

미국에서, 가축들은 인간이 직접적으로 상호작용하는 모든 동물들의 99%이상을 대변한다. "동물의 세계"에 대한 우리의 영향 면에서 –그것이 동물들의 고통에 관한 것이든, 혹은 진화가 이러한 살기 적합한 균형 속에다가 끌어내리려고 수 백 만년의 시간을 소비한 종들의 다양성 및 상호 의존성 문제이건– 그 무엇도 우리의 식단 선택이 영향을 끼치는 것에 근접하지는 못한다. 우리가 하는 거의 어떤 행동도 고기를 먹는 것만큼 동물의 고통을 많이 불러일으킬 직접적 잠재력을 갖지 못하는 것처럼, 우리가 하는 어떤 일상적인 선택도 (고기를 먹는 것보다) 환경에 더 많은 영향을 줄 수는 없다.

구조 해설

❶ spent millions of years bringing into this livable balance : spend + 시간 + ing 구조에서 bringing 의 목적어가 issues of biodiversity and the interdependence of species 를 선행사로 하는 관계대명사 that 이다.

❷ nothing we do has the direct potential to cause nearly as much animal suffering as eating meat : no A as(so) B as C 구조를 적용하여, 'C 만큼 B 한 A 는 없다' 로 해석.

❸ has a greater impact on : 비교급을 썼기 때문에 뒤에 than eating meat 가 의미상 생략되었다.

074

Influence or Influenza?
별들에게 물어보세요

Eating animals | Jonathan Safran Foer

Much like the virus it names, the word influenza comes to us by way of a mutation. The word was first used in Italian and originally referred to the influence of the stars—that is, astral or occult influences that would have been felt by many people at once. By the sixteenth century, though, the word had begun mixing and blending with the meanings of other words and come to refer to epidemic and pandemic flues that simultaneously strike multiple communities ❶ (**as if the result of some malevolent will**).

At least etymologically speaking, when we talk about influenza, we are talking about the influences that sweep the world everywhere at once. Today's bird flu or swine flu viruses or the 1918 Spanish flu virus are not the real influenza— ❷ **not the underlying influence—but only its symptom.**

패턴과 어휘

- astral   별과 관련된, 천체의
- epidemic
  지역 사회를 휩쓰는, 급속히 번지는, 유행병
- etymology   어원학
- malevolent   나쁜, 악의있는

- mutation   돌연변이 현상
- occult   주술과 관련된
- pandemic
  전 세계를 휩쓰는, 대규모 유행병
- refer to A   A 를 언급하다

그것이 이름 지어준 바이러스 만큼이나, influenza라는 단어는 돌연변이형을 경유하여 우리에게 다가온다. 그 단어는 이탈리아에서 처음 사용되었고 원래 별들의 영향을 언급했는데, 즉, 동시에 많은 이들에 의하여 느껴졌을 수 있는 천체적 혹은 주술적인 영향을 언급했다. 그러나 16세기 즈음에, 그 단어는 다른 단어들의 의미와 혼합되고 섞이기 시작해서 동시에 여러 지역사회들을 강타하는, 급속히 한 지역 사회 혹은 전 세계로 번지는 독감을 일컫게 되었다 (**마치 어떤 나쁜 의도의 결과인 양**).

적어도 어원적으로 말하자면, influenza에 대해 얘기할 때, 우리는 세계 도처를 한꺼번에 휩쓰는 영향에 대해 말하는 것이다. 오늘날의 조류 독감이나 돼지 독감이나 1918년 스페인 독감 바이러스는 진짜 influenza가 아니라(**기저에 깔려있는 영향이 아니라**), 단지 그것의 증상일 뿐이다.

구조 해설

① (as if the result of some malevolent will) : as if it were the result 구조에서 생략

② not the underlying influence—but only its symptom : not A but B 구조

075

Water is all that matters
물을 얻기 위해서라면

Fundamentals of weed science | Robert L. Zimdahl

Scientists in arid areas have developed fallow cropping systems. Many arid areas have sufficient rainfall to support crop growth only every other year. Often wheat is grown one year, the land is fallowed (no crop) the next year, and it is rotated back to wheat in the third year. The primary purpose of this rotation is water conservation. Natural rainfall is not sufficient to grow wheat each year and extensive dry land cannot be irrigated. Therefore, minimum or no-tillage systems have been developed to conserve water. The data in Table 6.14 show the increase in water **stored in** the soil profile for a minimum tillage system compared to a tilled, spring fallow system. The minimum-till system increased soil nitrate, grain protein, and wheat yield. Water is the least reliable resource for plant growth because we don't know precisely when it will arrive or how much will be received. This is a major reason why arid areas are irrigated. Because roots grow more rapidly than shoots early in a plant's life, competition for water and nutrients usually begins before competition for

---

패턴과 어휘

- arid area   건조한 지역
- be rotated back to + 명사
  ~로 다시 순환되어 돌아가다
- competition for   -를 얻기 위한 경쟁
- conserve + 명사   보존하다
- fallow cropping system
  농경지를 휴경하는 제도
- irrigate + 명사
  관개하다, 물을 끌어다 대다
- nitrate   질산염
- shoot   새 순, 새로 돋아나는 잎파리
- soil profile   토양 단층면
- till + 명사   경작하다
- wheat yield   밀의 수확

건조한 지역의 과학자들은 땅을 쉬게 하는 수확 시스템을 개발했다. 많은 건조한 곳들이 2년에 한 번만 농작물 재배를 지원해줄 만큼의 강우량을 가진다. 보통 밀은 일 년에 한 번 재배되고, 다음 해에 땅을 (수확물 없이) 쉬게 한다. 그리고 그 땅은 셋째 해에 다시 밀을 수확한다. 이러한 교대의 근본적인 목적은 물을 보존하는 것이다. 자연 강우량이 매년 밀을 자라게 할 만큼 충분하지 못 하고 심각하게 건조한 땅에는 물을 댈 수가 없다. 따라서, 물을 보존하기 위하여 최소 경작 시스템 (땅을 최소한으로 갈아엎는 농업법) 혹은 무경농업 (땅을 갈지 않고 좁은 골 사이에 작물을 심는 방법) 시스템이 발달되어왔다. 표 6.14에 있는 데이터는 땅이 갈린, 그리고 봄에 땅을 쉬게 하는 수확 시스템과 비교되는 최소 경작 시스템에서 토양 단면 **속에 저장된** 물의 증가를 보여준다. 최소 경작 시스템은 토양 질산염, 곡물의 단백질과립과 밀 생산을 증가시켰다. 물은 가장 믿을 수 없는 식물 성장 자원이 된다. 왜냐하면 우리는 물이 언제 당도할 것인지, 얼마나 많은 양의 물이 받아들여질 지 정확히 모르기 때문이다. 이것이 건조한 지역에서 관개시설이 생기는 주요한 이유이다. 한 식물의 삶에서 초기에는 뿌리들이 싹보다 더 빠르게 성장하기 때문에, 물과 영양분을 얻기 위한 경쟁이 보통 빛을 얻기 위한

구조 해설

① stored in : 과거분사 후치수식구

075 Water is all that matters
물을 얻기 위해서라면

Fundamentals of weed science | Robert L. Zimdahl

light. Competition for water is determined by the relative root volume occupied by competing plants and will be greatest when roots closely intermingle and crops and weeds try to obtain water from the same volume of soil. Less competition occurs if roots of crops and weeds are concentrated in different soil areas. More competitive plants have faster-growing, large root systems so they are able to exploit a large volume of soil quickly. If plants have similar root length, those with more widely spreading and less branched root systems will have a comparative advantage in competition for water.

패턴과 어휘

- crops and weeds   곡물과 잡초
- exploit + 명사   ~을 이용하다, 착취하다

경쟁보다 앞서 시작된다. 물을 위한 경쟁은 서로 다투는 식물이 차지하는 상대적인 뿌리의 양에 의해 결정되며, 뿌리가 가깝게 엉켜있고 곡물들과 잡초들이 같은 체적의 토양으로 부터 물을 얻기 위하여 애쓸 때 가장 커진다. 만일 곡물과 잡초의 뿌리가 서로 다른 토양들에 집중되어 있다면 더 적은 경쟁이 벌어질 것이다. 더 경쟁적인 식물들은 더 빠르게 성장하는, 큰 근계(뿌리 전체)를 가진다. 따라서 그 식물들은 많은 양의 토양을 빠르게 이용할 수 있다. 만일 식물들이 비슷한 뿌리 길이를 가지고 있다면, 더 넓게 퍼지고 잔가지가 덜 한 뿌리를 가진 것들이 물을 얻기 위한 경쟁에서 상대적인 이점을 가지게 될 것이다.

076

We don't do things here the way
관광객이 주는 문화충격

The Empathic Civilization | Jeremy Rifkin

Tourism is also a two-way street. For native populations, tourism is a source of employment. Beyond the pecuniary considerations, encounters with visitors provide an opportunity to observe behavior ❶ **different from one's own.** For example, when very traditional cultures open up their doors to foreign guests, one of the first indelible impressions is the different ways ❷ **men and women relate to one another**, especially married couples. The greater sense of gender equality and mutual participation in each other's lives is often an eye-opener for local populations, especially women. Such exposure can lead to friction with foreigners and domestic conflict at home—especially as local mothers and daughters openly compare their situation to the women tourists. The differences, however, can also result in opening up new channels of communication between men and women and creating a greater sense of empathic regard for one another.

패턴과 어휘

- empathic regard for   ~에 대한 공감적 관심
- encounter with   ~와의 조우
- friction with   ~와의 마찰
- gender equality   성평등
- indelible impressions   삭제될 수 없는 인상들
- open up one's doors to   ~에게 문을 열다
- pecuniary   금전상의
- relate to   ~와 관계하다, ~에 대해 언급하다, ~을 이해하다

관광은 또한 양방향 길이다. 본국 사람들에게, 관광은 고용의 원천이다. 금전적인 고려를 넘어서, 관광객들과의 마주침은 **그들 자신의 행위와 다른 (이들의) 행위들**을 관찰할 기회를 제공한다. 예를 들면, 아주 전통적인 문화들이 외국인 손님들에게 그들의 문을 열 때, 최초의 잊을 수 없는 인상들 중의 하나는 남자 여자들이, 특히 결혼한 커플들이, 서로 관계 맺는 다양한 방식들이다. 성 평등과 서로의 삶에서의 상호적인 참여에 대한 더 큰 인식은 지역민들, 특히 여성들에게, 종종 놀라운 것(개안을 시켜주는 것)이 된다. 특히 해당 지역의 모녀들이 공개적으로 그들의 상황을 여성 관광객들과 비교하기 때문에, 이러한 문화 노출은 외국인들과의 마찰과 내국인들의 갈등을 초래할 수 있다. 그러나, 그 차이들은 또한 남성과 여성 사이의 새로운 의사소통 채널들을 열게 하고 서로에 대한 더 큰 공감적 관심을 만들어 내기도 한다.

구조 해설

❶ different from one's own : 형용사구에 의한 후치수식

❷ men and women relate to one another : 관계사절에 의한 후치수식

077

Known as dropwise condensation
수막의 형성과정

http://www.bigsiteofamazingfacts.com/how-doescondensation-form-on-mirrors-and-what-is-the...

When water vapor condenses on a dry mirror, it does so as separate droplets, ❶ **a process** known as dropwise condensation. The numerous drops effectively screen the mirror so that it appears opaque. When you draw on the surface with your finger, the droplets coalesce into a thin film of transparent water, so the mirror becomes reflective again in these areas. When the mirror warms up, or the air humidity falls, the droplets evaporate. The image disappears because the surrounding droplets no longer contrast with it. The film of water evaporates more slowly than the droplets because of its lower surface area. If it does not have time to completely evaporate, any condensation occurring soon afterward will be dropwise where there were droplets before, ❷ **and in a film** where some of the film remains. This latter process is known as filmwise condensation. The image then reappears on the glass.

패턴과 어휘

- air humidity 공기 중의 습도
- coalesce into ~로 합쳐지다
- condense (자동, 타동) 응결되다, 응축되다, 응결시키다
- contrast with ~와 대조되다
- droplet 작은 물방울
- dropwise condensation 방울 형태의 응축
- evaporate 증발하다, 증발시키다
- filmwise condensation 막 형태의 응축
- opaque 불투명한
- reflective 반사적인
- transparent water 투명한 물

수증기가 건조한 거울에 응축될 때, 그것은 개별적인 물방울들로 응축되는데, 이것은 방울 응축(한 개씩 따로 방울 모양으로 응축되는 현상)이라고 알려진 과정이다. 많은 방울들이 거울이 불투명해 보이도록 거울을 실질적으로 가린다. 당신이 손가락으로 그 표면에 그림을 그릴 때, 그 물방울들은 투명한 물로 된 얇은 막으로 합쳐진다. 따라서 그 거울은 이러한 구역(수막으로 바뀐 구역)에서는 다시 반사면을 이룬다. 거울이 따뜻해지거나, 공기의 습도가 떨어지면, 그 물방울들은 증발한다. 둘러싸고 있는 물방울들이 더 이상 그 이미지(손으로 그린 것)와 대조적이지 않기 때문에 그 이미지도 사라진다. 그 수막은 표면이 더 낮게 있기 때문에 물방울들보다 더 천천히 증발한다. 만일 그것이 완전히 증발할 시간을 가지지 못한다면, 곧 나중에 일어나는 어떤 응축도 그전에 물방울들이 있었던 곳에서는 물방울 형태로, **그리고** 수막의 일부가 남아있던 곳에서는 **막으로** 응축될 것이다. 이 나중에 일어나는 과정은 막 응축으로 알려져 있다. 그러면 그 이미지가 유리에 다시 나타난다.

구조 해설

① a process : 앞의 내용과 동격 명사

② and in a film : 등위접속사 and 는 앞에서 dropwise 이하와 in a film 을 연결한다

078

They apply moral duties only in others
가언적 명령, 정언적 명령

Ethics | Julia Driver

What is it to hold that moral duties bind unconditionally? Here. Kant makes use of an important distinction. The moral law is categorical rather than hypothetical and it is an imperative. Imperatives are commands or orders. A hypothetical imperative is a contingent command, one that we ought to follow ❶ **given our desires**, for example. "Go to the doctor" is a good command to heed if we want to get well. That would be an example of a hypothetical imperative. It only makes sense to go to the doctor, to obey this imperative, if we want to get well. A categorical imperative, however, binds us no matter what our desires are. "Don't just use someone for your own purposes" is obligatory even if we actually have a desire, or want to manipulate someone else. Likewise, we ought to keep promises even when we don't want to do what is required to keep the promise. We ought to tell the truth, even if it is unwelcome, and so on. This is the nature of morality - ❷ **obligations bind independent of our desires**: they are not based in desire but in reason.

패턴과 어휘

- bind(자동, 타동) 묶다, 묶이다
- categorical 단정적인, 정언적인
- contingent command 우발적 명령
- heed ~에 주목하다
- hypothetical 가설적인
- imperative 명령, 강제의, 긴급한
- make use of 이용하다
- manipulate (타동) 조종하다, 조작하다
- obligatory 의무적인

도덕적인 의무들은 무조건적으로 묶인다고 주장하는 것은 과연 무슨 이야기일까? 여기서, Kant는 중요한 구별을 이용하고 있다. 도덕적인 규범은 가언적(가상적)이기 보다는 정언적(단정적)이다. 그리고 그것은 강제적이다. 강제들은 명령이며 지시이다. 가언적인 명령은, 예를 들자면 **우리의 욕구가 주어질 때** 우리가 따라야 하는, 우발적 명령이다. "의사에게 가라"는 우리가 낫기를 원한다면 주의를 기울이는 적절한 명령이다. 그것은 가언 명령의 예가 될 것이다. 만일 우리가 낫기를 원한다면, 이 명령에 따르기 위하여, 의사에게 가는 것이 이치에 맞는다. 그러나, 정언 명령은 우리의 욕구가 무엇이든지 간에 우리를 속박한다. "단지 당신 자신의 목적을 위하여 누군가를 이용하지 말라"는 우리가 실제로 그러한 욕구(남을 이용하려는 욕구)가 있거나, 다른 누군가를 조종하고 싶다고 하더라도, 지켜야 하는 명령이다. 비슷한 예로, 우리는 약속을 지키기 위해 요구되는 어떤 일을 하고 싶지 않을 때조차도 약속들을 지켜야 한다. 우리는, 반갑지 않을 지라도, 진실을 말해야한다 등등. 이것이 도덕의 본성이다. **의무들은 우리들의 욕구들과 독립적으로 엮어지며,** 그것들은 욕망이 아니라 이성에 근거한다.

· Immanuel Kant (1724-1804) : 서양 근세 철학을 집대성한 독일의 철학자. 비판철학으로 유명함

구조 해설

❶ given our desires : 분사구문으로 해석. → '욕구가 주어질 때'

❷ obligations bind independent of our desires : independent 이하가 추가보어적으로 걸려있는 구조. → '의무들이 우리의 욕구에 독립적인 상태로 묶여진다'

079

My horse will surely win?
내 말이 우승하는 이유는 내가 돈을 걸었으니까

http://land22.com/sunk-cost.html (Land22)

In 1968 Knox and Inkster, in what is perhaps the classic sunk cost experiment, approached 141 horse bettors: 72 of the people had just finished placing a $2.00 bet within the past thirty seconds, and 69 people were about to place a $2.00 bet in the next thirty seconds. Their hypothesis was that people who had just committed themselves to a course of action (betting $2.00) would reduce post-decisional dissonance by believing more strongly than ever that they had picked a winner. Knox and Inkster asked the bettors to rate their horse's chances of winning on a 7 point scale. What they found was that people who were about to place a bet rated ❶ **the chance that their horse would win** at an average of 3.48 which corresponded to a "fair chance of winning" whereas people who had just finished betting gave an average rating of 4.81 which corresponded to a "good chance of winning." Their hypothesis was confirmed - after making a $2.00 commitment, people became more ❷ **confident their bet would pay off.**

패턴과 어휘

- be about to R   막 ~하려 하다
- classic   전형적인, 모범적인
- correspond to   ~에 일치되다
- commit oneself to + 명사, ing
  ~에 몸을 맡기다, 전념하다
- dissonance   불협화음, 불일치
- on a 7 point scale   7점 짜리 평가규모에서
- place a bet   내기를 걸다
- sunk cost   매몰 비용

1968년에 Knox와 Inkster는, 전형적인 매몰 비용 실험에서, 141명의 경마 도박사들에게 접근했는데, 그 사람들 중 72명은 바로 전 30초 동안에 2달러 내기를 하는 것을 막 마쳤고, 69명은 다음 30초 동안에 2달러 내기를 막 하려 했다. 그들의 가설은 (2달러를 건) 행위에 전념했던 사람들은 그들이 우승마를 골랐다고 이전 어느 때보다 강하게 믿음으로써 결정한 후에 일어나는 불안을 줄인다는 것이었다. Knox와 Inkster는 도박사들에게 평점 7점 만점으로 그들 말의 승률을 매겨보라고 요청했다. 그들이 발견한 것은 이제 막 판돈을 걸려는 사람들은 **그들이 찍은 말이 우승할** 확률 등급을 "괜찮은 우승 확률"에 해당하는 평균 3.48 정도로 매겼으나, 반면 이미 돈을 내기에 걸었던 사람들은 "상당한 우승 확률"에 해당하는 평균 4.81정도로 점수를 매겼다. 2달러의 내기 돈을 건 후에, 사람들은 **그들의 내기가 보상받을 것이라는 데 좀 더 많은 자신감을 갖게** 된다는 그들의 가설은 확인되었다.

* 매몰 비용 (한 군데에 사용하면 회수가 불가능한 비용)

구조 해설

❶ the chance that their horse would win : chance 와 that 절은 동격

❷ confident their bet would pay off : confident 는 뒤에서 that 절을 목적어로 받을 수 있는 타동사적 형용사. 접속사 that 은 생략 가능.

080 Just accept the small kindness
그냥 고맙다고 하세요

http://www.lawofattractionworkbooks.com/blogs
| Karen Lee Stocker

In many cases the feeling of abundance is not always related to money. There are many other ways where abundance is evident in your life. Has anyone bought you lunch lately or maybe a coffee? How about some free transportation, or maybe you bought something on sale. Maybe there was some money left in the parking meter or someone helped you shovel snow or rake leaves.

To raise the vibration of abundance, observe the proof and start recording the evidence where you are already abundant. At the end of each day if you spend 10 minutes going over all your abundance for the day, that is 10 minutes more than 10 minutes. The Law of Attraction's job is to respond to the vibration you are sending and give you more of the same. So be deliberate and take notice and you'll start seeing more abundance showing up in your life. When most people are offered to ❶ **have their lunch paid for** or ❷ **given a gift of money**, they often respond "No that's okay" or "You don't have to do that" or "Oh no, I couldn't"… Just say THANK YOU and you will start to feel good about it. This in turn opens up your allowing for more money.

패턴과 어휘

- abundance   풍요로움
- allow for   참작하다
- deliberate   의도적인, 고의적인 / 신중한
- in turn   그 결과로서 다시
- parking meter 주차요금 징수기
- rake leaves   갈퀴로 낙엽을 긁어 모으다
- shovel snow   눈을 삽으로 치우다
- the Law of Attraction 인력의 법칙

많은 경우 풍성함에 대한 생각이 언제나 돈과 관련된 것은 아니다. 풍성함이 당신의 삶에서 명백해지는 다른 많은 방식들이 있다. 최근에 누군가가 당신에게 점심 혹은 어쩌면 커피를 사준 적이 있는가? 몇 번 무료로 (차에) 태워준 적은 없는가? 혹은 아마도 당신은 세일 중인 어떤 것을 샀을 지도 모른다. 아마도 주차 미터기에 남겨진 얼마간의 돈이 있었을지도 모르며 누군가가 당신이 눈을 삽으로 퍼내거나 나뭇잎들을 갈퀴로 모으는 것을 도와주었을 것이다.

풍성함의 진동을 일으키기 위하여, 그 증거를 관찰하고 당신이 이미 풍부하게 가지고 있는 증거를 기록하기 시작하라. 하루의 끝에 만일 당신이 그날 동안 당신의 모든 풍성함을 검토해보는데 10분을 보낸다면, 그것은 10분 이상의 10분이다. 인력의 법칙이 하는 일은 당신이 보내고 있는 진동에 반응하는 것 그리고 당신에게 똑같은 것 이상을 주는 것이다. 따라서 의도적으로 눈여겨 보아라. 그러면 당신은 당신의 삶에서 나타나는 더 많은 풍성함을 보게 되기 시작할 것이다. 대부분의 사람들은 **그들의 점심값이 대신 지불되는** 제안을 받거나 **상품권이 주어질 때,** "아니요, 괜찮아요."라고 하거나 "그럴 필요 없어요." 혹은 "아, 나는 그럴 수 없어요."라고 반응한다. 그냥 '고마워요'라고 말하라. 그러면 당신은 그것에 대하여 기분이 좋아지기 시작할 것이다. 이것은 결국 당신이 (남들을 위해) 더 많은 돈을 참작하려는 마음을 열게 한다.

구조 해설

❶ have their lunch paid for : have + 목적어 + 타동사의 과거분사 용법

❷ given a gift of money : given 은 앞에서 술어동사 are 다음에 연결된다.

081

Can I be a leader when I don't lead?
나는 엉망으로 살았는데...

Leadership Mastery | Dale Carnegie Training

Effective leaders set the tone for the entire organization. It's not a matter of knowing more than everyone else. There are plenty of leaders who aren't the biggest experts in their companies. But it does mean working hard, ❶ **something anyone can do.** Be the first person to arrive at the workplace and be the last one to leave. If you can do that, you'll already be light years ahead of most managers in the respect you'll gain from your team members. Apply the same principle to all your routine activities. If you expect your sales force to make 50 calls each day, make 100 calls yourself. It's not rocket science. It's just basic "lead by example" management.

No one can really discredit leaders who are the hardest working individuals in their organizations. And very few people can match their results. Hard work always beats lazy talent, and talented hard work trumps everything. So set your alarm clock. Set it for early.

패턴과 어휘

- beat + 목적어   물리치다
- discredit (명,타동)   불신, 불신하다
- set the tone for   ~에 대한 색깔, 음색, 분위기 등을 조성하다
- trump + 목적어   이기다

효율적인 리더는 그 전체 조직을 위한 분위기를 조성한다. 그것은 다른 누구보다 더 많은 것을 안다는 것의 문제가 아니다. 그들의 회사에서 가장 잘 나가는 전문가가 아닌 많은 지도자들이 있다. 그것은 열심히 일한다는 것을 의미하는 것이며, **이것은 누구라도 할 수 있는 일 이라는 것을 의미한다.** 직장에 가장 먼저 도착하는 사람이 되어라. 그리고 가장 늦게 떠나는 사람이 되어라. 만일 당신이 그것을 할 수 있다면, 당신은 이미 팀 구성원들로부터 받게 될 존경에서 대부분의 관리자들보다 몇 광년은 앞서게 될 것이다. 똑같은 원칙을 당신의 모든 일상적인 활동들에 적용하라. 만일 당신의 판매 팀이 매일 50통의 전화를 하기를 기대한다면, 당신이 직접 100통을 걸어라. 그것은 로켓 과학(어렵고 전문적인 것)이 아니다. 그것은 "본보기에 의해 지도하는" 단지 기본적인 경영법일 뿐이다.

진정 아무도 그들의 조직에서 가장 근면한 개인들이 되어 주는 지도자들을 불신하지 않는다. 그리고 그 지도자들의 결과에 대적할 수 있는 사람들은 거의 없다. 근면은 언제나 게으른 재능을 이기며, 재능 있는 근면은 모든 것을 이긴다. 따라서 당신의 알람 시계를 맞춰라. 그것을 이른 시간으로 맞춰라.

구조 해설

① something anyone can do : 앞에 있는 working hard 와 동격의 명사구

082

Are we brave enough to keep nature
친환경 건축으로 지구를 살려요

The Case for Natural Building | MICHAEL SMITH

Of course, it's impossible to build a house with no environmental impact, but it's our responsibility to minimize and localize the damage. Digging a hole in your yard for clay to make a cob house may look ugly at first, but it's a lot less ugly than strip mines, giant factories and superhighways. Nature has enormous capacity to heal small wounds; that hole in your yard ❶ **would make an excellent frog pond.** Many of us religiously protect the trees on our property, then go to the lumber yard to purchase the products of wholesale clear cutting. If we choose to build with wood, it seems a lot less hypocritical to take down a few select trees near our home sites and run them through a small portable mill, or thin overcrowded woodlands of small-diameter poles and build with those. Keeping our environmental footprint under our noses ❷ **helps ensure that** we will minimize our impact and protect the health of our local ecosystems, since we see them from our windows and walk through them every day. Building with natural, local materials also reduces our dependence on the polluting and energy-intensive manufacturing and transport industries.

패턴과 어휘

- cob house   진흙 집
  ㄴ cob : 점토와 짚을 섞은 벽토
- hypocritical   위선적인
- local ecosystem   지역 생태계
- localize + 명사   ~을 국지화하다
- lumber yard   제재소
- portable mill
  휴대용 혹은 이동 가능한 연마기계
- property   부동산, 땅, 터
- strip mine   노천광산
- thin + 명사   ~을 묽게 하다, 밀도를 줄이다

물론, 환경적인 (악)영향이 없는 집을 짓는 것은 불가능하지만, 그 손상을 최소화하고 국지화하는 것은 우리의 책임이다. 흙집을 지을 점토를 구하기 위하여 당신의 마당에 구멍을 파는 것은 처음에는 추해 보일지도 모른다. 그러나 노천광이나 거대한 공장, 고속도로보다 그것은 훨씬 덜 추하다. 자연은 작은 상처들을 치유할 막대한 능력을 지닌다. 당신 집 마당에 있는 그 구멍은 **훌륭한 개구리 연못이 될 것이다.** 우리들 중 많은 이들은 자신 소유의 땅에 있는 나무를 신성시하며 보호하면서, 대규모로 완전 벌채된 나무 상품들을 구입하기 위하여 목재상에 간다. 만일 우리가 나무로 (집을) 지으려고 한다면, 우리의 집터 가까이에 몇 그루의 선택된 나무들을 쓰러뜨리고 그것들을 휴대용 연마기로 다듬거나, 혹은 작은 지름의 막대기 나무들이 있는 과하게 빽빽한 삼림지대의 밀도를 줄이며(거기서 베어내서) 그것들로 건축하는 것이, 훨씬 덜 위선적인 것처럼 보인다. 우리 앞에 직접 우리의 환경적인 흔적을 남겨두는 것이, 우리가 우리의 영향을 최소화하고 우리의 지역적인 생태계의 건강을 보호**하는 것을, 보장하도록 도와준다**. 왜냐하면 우리는 우리의 창문에서 그것들을 보고 매일 그것들을 통해서 걸어 다니기 때문이다. 천연의, 현지 재료들로 건축을 하는 것은 또한 오염 유발적인 그리고 에너지 집약적인 제조업과 수송업에 대한 의존성도 줄여준다.

구조 해설

① would make an excellent frog pond : make 는 become 의 뜻이며 would 는 가정의 결과임을 암시한다.

② helps ensure that : ensure 는 뒤에서 절을 받을 수 있고, helps 는 to 를 생략한 ensure 를 원형부정사로 받았다.

083

This is nothing but moral relativism
위선적 도덕 상대주의

ETHICS IN FINANCE | Boatright, John R

"It's not my job," ❶ **says one person**, thinking that a concern for ethics belongs to a CEO, an ombudsperson, or a lawyer. But if you passively let someone else do your thinking, you expose yourself to complicity in the unethical decisions of others. ❷ **Even worse is the possibility that** if everyone assumes that someone else owns the job of ethical practice, then perhaps no one owns it and that therefore the enterprise has no moral compass at all.

Another person says, "When in Rome, do as the Romans do. It's a dog-eat-dog world. We have to play the game ❸ **their way** if we mean to do business there." Under that view, it is assumed that everybody acts ethically relative to his local environment so that it is inappropriate to challenge unethical behavior. This is moral relativism. The problem with this view is that it presupposes that you have no identity, ❹ **that, like a chameleon, you are defined by the environment around you.** Relativism is the enemy of personal identity and character. You must have a view, if you are rooted in any cultural system. Prepare to take a stand.

패턴과 어휘

- complicity in   ~에 대한 공모
- a concern for   ~에 대한 우려
- enterprise   기업
- ethical practice   윤리적 실천
- moral compass   도덕적 나침반
- moral relativism   도덕적 상대주의
- ombudsperson   고충 처리등을 위한 감찰활동을 하는 사람
- presuppose + 명사, that 절   ~을 전제하다
- take a stand   입장을 취하다
- unethical decision   비윤리적 결정

윤리에 대한 관심은 CEO나 옴부즈맨(감찰관)이나 변호사에게나 해당되는 것이라고 생각하면서, "그건 내 알 바 아니야," 라고 누군가가 말한다. 그러나 만일 당신이 수동적으로 다른 누군가에게 당신의 생각을 대신하도록 허락한다면, 당신은 다른 이들의 비윤리적 결정의 공모에 당신 자신을 맡기는 것이다. 만일 모든 사람들이 다른 누군가가 윤리적인 실행의 임무를 가지고 있다고 생각한다면, 아마도 누구도 윤리적 임무를 가지고 있지 않은 것이며, 그 결과 기업은 도덕적 잣대를 전혀 가지지 않게 된다는, **그런 가능성이 훨씬 나쁜 일이다.**

또 다른 사람은, "로마에 있으면 로마법을 따르라. 서로 먹고 먹히는 세상이다. 우리는 만일 거기서 사업을 할 의향이 있다면 **그들의 방식으로** 경기를 해야 한다."고 말한다. 그런 관점 하에서는, 모든 사람들이 자신의 지역적 환경에 상응하여 윤리적으로 행동한다는 것이 가정되고, 따라서 비윤리적인 행위에 도전하는 것이 부적합한 결과를 낳는다. 이것은 도덕적 상대주의이다. 이러한 입장의 문제점은 당신이 정체성이 없어야 하며, **카멜레온처럼 당신 주변 환경에 의해 정의되어야 한다는 것을**, 그것이 전제한다는 사실이다. 상대주의는 개인적인 정체성과 개성의 적이다. 당신은 어떤 문화적 체계에 뿌리를 두고 있다면(그것이 어떤 문화이건 간에), 견해라는 것을 가져야 한다. 분명한 입장을 취할 준비를 하라.

구조 해설

① says one person : 술어와 주어를 바로 도치시킨 구조, 주로 진술, 보고, 판단, 생각 등의 술어동사와 함께 사용되는 용법으로, 목적어를 절로 가져서 인용부호등으로 문두에 도치시키는 경우에 사용된다.

② Even worse is the possibility that : the possibility 와 뒤의 that 절은 동격이며 주어가 길기 때문에, 형용사 주격보어를 문두로 도치시키고 be 동사 + 주어 의 형태로 구성한다.

③ their way : 앞에 전치사 in 이 생략된 부사구이다.

④ that, like a chameleon, you are defined by the environment around you. : 앞에 that 절을 부연설명하기 위해 나왔기 때문에 등위접속사를 쓰지 않고, 콤마로 다시 that 절을 받았다.

084 The Tarzan boy speaks animal tongs
옹알이도 따라해야 늘어요

The Anthropology of Language | Harriet J. Ottenheimer

Not long ago J watched a four-month-old baby "learning" intonation patterns from her parents. One parent addressed the baby with the rising intonation ❶ **typical of questions in English,** saying, Wanna have a bath? The baby had mastered an [aaaa] sound, but that seemed to be her entire linguistic repertoire for the moment. Nonetheless, she used it to respond to her parents, raising the pitch of her voice exactly as her parents had. It sounded like she was saying, "Aaaaa?" I suggested to the parents that ❷ **they should try** to "declare" something, like It's time for your bath now!, with a strong falling intonation. Sure enough, the baby responded with "Aaaaa!" using a falling intonation just like her parents. As her parents continued the intonation game, it was clear that they were enjoying engaging in an unconscious language-teaching process. Even if all they were doing was ❸ **activating their baby's innate language-learning capacity**, the fact remains ❹ **that it was taking place in a social setting.**

패턴과 어휘

- activate + 명사   ~을 활성화하다
- address + 명사   ~에게 말 걸다
- engage in   ~에 개입하다
- intonation   억양
- linguistic repertoire   언어적 구성요소
- pitch   음의 높이

얼마 전에 J는 4달 된 아기가 그녀의 부모로부터 억양의 패턴을 "학습하는" 것을 보았다. 부모 중 한 명이 "목욕하고 싶니?" 라고 말하면서 **영어 질문에서 전형적인** 끝을 올리는 억양으로 아이에게 말을 걸었다. 그 아기는 [아아아아]라는 소리를 습득했지만, 그것이 그 당시에 그 아이의 언어적 레퍼토리의 전부인 것처럼 보였다. 그럼에도 불구하고, 아이는 그녀의 부모님들이 했던 대로 똑같이 그녀의 음성의 높이를 올리면서, 그것(아아아아)을 그녀의 부모님들에게 반응하기 위해 사용했다. 그것은 그녀가 "아아아???"라고 말하고 있는 것처럼 들렸다. 나는 그 부모님들께 "지금은 목욕할 시간이야!"처럼 강하게 내리는 어조를 써서, 그들이 어떤 것을 "명확히 하기"위해 노력해야 한다고 제안했다. 확실히, 그 아기는 그녀의 부모님들처럼 내리는 어조를 사용해서 "아아아!!"로 반응했다. 그녀의 부모님들이 그 억양 놀이를 계속하면서, 무의식적인 언어 강습 과정에 개입하는 것을 즐기고 있는 것이 분명했다. 설령 그들이 하고 있던 전부가 아이의 타고난 언어 학습 능력을 활성화시키는 것이었다 해도, **그것이 사회적인 환경에서 일어나고 있었다는** 사실만은 유효하다.

> **구조 해설**

① typical of questions in English : 형용사 + 알파 후치수식으로 앞의 명사 risting intonation 을 꾸미고 있다.

② they should try : 술어동사 suggested 가 '제안하다' 의 의미이므로 조동사 should 를 사용해서 당위성을 표현했다. 미국식 영어에서는 조동사를 생략하고 동사원형을 주로 사용한다.

③ activating their baby's innate language-learning capacity : was 뒤에 왔지만 현재분사가 아니라 동명사이고 주격보어로 사용되었으며, 해석은 '~하는 것'

④ that it was taking place in a social setting : the fact 와 동격의 명사절이며, remains 가 술어동사이다. 동격명사와 that 절을 붙여서 사용하는 것이 일반적이지만, 이 경우 주어부가 매우 길고 술어동사는 한 단어이므로 길이 균형상 동격 명사와 that 절을 분리하였다.

085

I just build a net when a voice tells
지어놓고 보니 써먹게 되더라구요

THE ANALYSIS OF MIND | BERTRAND RUSSELL

Behaviorism has not, however, sprung from observing the folly of men. ❶ **It is the wisdom of animals that has suggested the view**. It has always been a common topic of popular discussion ❷ **whether animals "think."** On this topic people are prepared to take sides ❸ **without having the vaguest idea what they mean** by "thinking." Those who desired to investigate such questions were led to observe the behavior of animals, in ❹ **the hope that** their behavior would throw some light on their mental faculties. At first sight, it might seem that this is so. People say that a dog "knows" its name because it comes when it is called, and that it "remembers" its master, because it looks sad in his absence, but wags its tail and barks when he returns. ❺ **That the dog behaves in this way** is matter of observation, but ❻ **that it "knows" or "remembers" anything** is an inference, and in fact a very doubtful one. ❼ **The more such inferences are examined, the more** precarious **they are seen to be**. Hence the study of animal behavior has been gradually led to abandon all attempt at mental interpretation. And it can hardly be doubted that, in many cases of complicated

패턴과 어휘

- behaviorism	행동주의	- precarious	위태로운
- be led to infinitive		- spring from	~에서 솟아나다, 튀어 나오다
~하도록 유도당하다		- take sides	한 쪽으로 기울어지다, 편들다
- inference	추론	- wag the tail	꼬리를 흔들다
- folly	어리석음, 어리석은 행위		

그러나 행동주의는 인간의 어리석음을 관찰하는 것으로부터 나온 것이 아니다. 그 견해를 시사했던 것은 바로 동물들의 지혜이다. 행동주의는 항상 동물들이 "생각하는가" 라는 대중적인 토론의 일반적인 주제였다. 이러한 주제에서 사람들은, "생각한다는 것"으로 그들이 무엇을 의미하는지에 대해 가장 희미한 개념도 못가진 채로, 어떤 쪽으로 편향적이 될 태세를 갖추고 있다. 이러한 질문들을 조사하고 싶어 했던 사람들은, 동물들의 행동이 동물들의 정신적인 능력에 대한 희미한 단서를 던져줄 것이라는 희망에서, 동물들의 행동을 관찰하게 되었다. 처음에, 이것은 그런 것 같았다 (정신적 능력이 반영되는 것 같았다). 개가 (이름이) 불리면 오기 때문에 사람들은 개가 자신의 이름을 "안다"고 말한다. 그리고 개가 주인의 부재에 슬퍼하는 것처럼 보이며, 주인이 돌아올 때 꼬리를 흔들고 짖기 때문에, 개가 그 주인을 "기억 한다"고 말한다. 개가 이런 식으로 행동한다는 것은 관찰의 문제이다. 그러나 개가 어떤 것을 "안다" 혹은 "기억 한다"는 것은 추론이며, 사실상 아주 의심스러운 것이다. 이러한 추론들이 검증되면 될수록, 그 추론들은 더 위태로워 보인다. 그러므로 동물 행위에 대한 연구는 점점 정신적인 이해에 대한 모든 시도를 포기하도록 만들었다. 그리고 동물들의 행

구조 해설

❶ It is the wisdom of animals that has suggested the view : it be 주어강조 that 나머지 술어동사 이하

❷ whether animals "think." : 진주어절

❸ without having the vaguest idea : have no idea = do not know 이 구조는 뒤에서 명사절을 받는다.

❹ the hope that : 동격의 명사절

❺ That the dog behaves in this way : 명사절 주어

❻ that it "knows" or "remembers" anything : 명사절 주어

❼ The more such inferences are examined, the more precarious they are seen to be : '~할 수록 ~하다'

085

I just build a net when a voice tells
지어놓고 보니 써먹게 되더라구요

THE ANALYSIS OF MIND | BERTRAND RUSSELL

behavior ❶ **very well adapted to its ends**, there can be no prevision of those ends. The first time a bird builds a nest, we can hardly suppose it knows that there will be eggs to be laid in it, or that it will sit on the eggs, or that they will hatch into young birds. It does what it does at each stage because instinct gives it an impulse to do just that, not because it foresees and desires the result of its actions.

패턴과 어휘

- hatch   부화시키다, 부화되다
- prevision   예상, 예지, 선견

위의 목적에 아주 잘 부합되는 많은 복잡한 행위에 대한 사례들에 있어서, 행위의 목적에 대한 예견이 있을 리가 없다는 것은, 거의 의심할 바 없다. 새가 둥지를 짓는 최초의 시기에, 우리는 그것이 둥지 안에 놓여질 알이 있을 것이라거나, 그 새가 알들 위에 앉을 것이라거나, 그 알들이 어린 새로 부화할 것임을 안다고, 거의 가정할 수 없다. 그 새는 각각의 단계에서 그것이 할 일을 하는데, 새가 예측하고 그 행위의 결과를 열망하기 때문이 아니라, 본능이 그것에게 단지 그렇게 하라는 충동을 주기 때문이다.

구조 해설

❶ very well adapted to its ends : 과거분사 후치수식으로 behavior 를 꾸민다.

086

Why they shake the comforts
권력자는 불안을 조성해야 직성이 풀리나요

The 48 laws of power | Robert Greene

❶ **Nothing is more terrifying than** the sudden and unpredictable. That is why we are so frightened by earthquakes and tornadoes: We do not know when they will strike. After one has occurred, we wait in terror for the next one. To a lesser degree, this is ❷ **the effect that unpredictable human behavior has on us**.

Animals behave in set patterns, which is why we are able to hunt and kill them. Only man has the capacity to consciously alter his behavior, to improvise and overcome the weight of routine and habit. Yet most men do not realize this power. They prefer the comforts of routine, of giving into the animal nature that ❸ **has them repeating** the same compulsive actions time and time again. They do this because it requires no effort, and because they mistakenly believe that if they do not unsettle others, they will be left alone. Understand: A person of power instills a kind of fear by deliberately unsettling those around him to keep the initiative on his side. You sometimes need to strike without warning, to make others tremble when they least expect it. It is a device that the powerful have used for centuries.

패턴과 어휘

- alter 바꾸다
- compulsive 강박적인
- give into ~에 굴복하다
- improvise + 명사
  ~을 즉흥적으로 만들어내다
- the initiative 주도권
- instill + 명사 ~을 주입하다
- the powerful 강력한 것
- strike 안 좋은 일이 일어나다, 닥치다
- the sudden and unpredictable
  갑작스럽고 예측 불가한 것
- unsettle + 명사 ~을 불안하게 하다

갑작스러운 것이나 예측할 수 없는 것 보다 더 무서운 것은 없다. 그것이 우리는 지진이나 토네이도에 매우 놀라는 이유이다. 우리는 언제 그것들이 발생할지 알지 못한다. 한 가지가 일어난 후에, 우리는 다음 것을 공포 속에서 기다린다. 조금 덜한 정도로, 이것은 예측할 수 없는 인간의 행위가 우리들에게 미치는 영향이다.

동물들은 정해진 패턴으로 행동하는데, 그런 이유로 우리가 동물들을 사냥하고 죽일 수 있다. 단지 사람만이, 일상과 습관의 무게를 즉흥적으로 만들고 이 무게를 극복하기 위하여, 의식적으로 그의 행위를 바꿀 능력을 지닌다. 그러나 대부분의 사람들은 이러한 힘을 인식하지 못한다. 그래서 사람들은, 같은 충동적인 행위들을 계속 그들이 반복하게 만드는 동물적 본성에 굴복하는, 일상적인 평안함을 선호한다. 사람들은, 동물적 본성에 굴복하는 것이 노력이 필요 없기 때문에, 그리고 그들이 다른 사람들을 불안하게 하지 않는다면, 방해받지 않고 혼자 남겨질 것이라고, 잘못 믿고 있기 때문에 그렇게 한다(동물적 본성에 따른다). 이해하라. 힘이 있는 사람은 주도권을 자신들 편에서 유지하기 위해 고의적으로 그들 주변에 있는 이들을 동요시킴으로써 일종의 두려움을 주입한다. 다른 사람들이 공격당하는 것을 가장 적게 예상할 때 그 사람들이 떨게 만들기 위해, 당신은 때때로 경고 없이 공격할 필요가 있다. 그것이 수 세기 동안 권력자들이 사용해 온 도구이다.

구조 해설

1. Nothing is more terrifying than : no A more B than C → 'C보다 더 B한 A는 없다.'
2. the effect that unpredictable human behavior has on us : have an effect on 구조에서 관계사절을 만들기 위해 the effect 로 만들어서 앞으로 나감
3. has them repeating : have + 명사 + 동사원형(ing) → '~를 하게 만들다, 시키다'

087 We keep balance by killing
생태계의 균형

Harcourt science | Habitats and Niches

Every population has a place where it lives in an ecosystem. This is its habitat. Think of a habitat as a neighborhood, and think of a community as the residents of that neighborhood. You might spot a golden eagle on a rocky mountain slope or near an open field that has tall trees around it. These areas are part of the golden eagle's habitat. Many different populations can share a habitat. But each population has a certain role, or niche (NICH), in its habitat. For example, during the day eagles soar high above open ground, hunting for small animals such as mice. Great horned owls share the golden eagle's habitat, and they also hunt mice. But owls hunt at night. Because of their different hunting habits, golden eagles and great horned owls have different niches in the same habitat. In a healthy ecosystem, populations are interdependent. That is, they depend on each other for survival. For example, great horned owls eat mice, which may eat the seeds of one type of plant. Since owls help keep the mouse population from getting too large, the plant population never dies out. In a similar way, the mice control the size of the owl population. If there are too many owls and not enough mice for them to eat, some of the owls will die. In addition, the interactions of plants and animals help keep the balance of carbon dioxide and oxygen in the atmosphere. Plants and animals also give off water. This is an important part of the water cycle.

모든 개체군은 그것이 생태계 안에 살고 있는 장소를 가진다. 이것이 그 개체군의 서식지이다. 서식지를 인근지역이라고 생각해보고, 지역사회를 그 주민들로 생각을 해보라. 당신은 바위투성이 산 경사면이나 주변에 큰 나무들이 있는 탁 트인 들판 근방에서 검독수리를 볼지도 모른다. 이러한 지역들이 검독수리의 서식지의 일부이다. 많은 다른 개체군들이 서식지를 공유할 수도 있다. 그러나 각각의 개체군은 자신의 서식지에서 어떤 역할, 혹은 틈새(적합한 환경)를 가진다. 예를 들면, 낮 동안 독수리들은 탁 트인 공간 위로 높이 치솟아 오르며, 쥐와 같은 작은 동물을 사냥한다. 수리부엉이들은 검독수리의 서식지를 공유하며, 수리부엉이들 또한 쥐를 사냥한다. 그러나 부엉이들은 밤에 사냥을 한다. 검독수리와 수리부엉이들은, 그들의 다른 사냥 습관 때문에, 같은 서식지에서 다른 틈새시장(적합한 환경)을 가진다. 건강한 생태계에서, 개체군들은 상호의존적이다. 즉, 그들은 생존을 위해 서로 의존한다. 예를 들면, 수리부엉이들은 쥐를 잡아먹고, 그 쥐들은 한 종류의 식물의 씨앗을 먹을 수도 있다. 부엉이들이 쥐 개체군을 너무 커지지 않게 유지하는데 도움을 주기 때문에, 그 식물 개체군은 절대 멸종되지 않는다. 같은 방식으로, 쥐는 부엉이 개체군의 크기를 조정한다. 만일 너무 많은 부엉이가 있고 부엉이가 먹을 쥐가 충분하지 않다면, 부엉이 중의 일부는 죽을 것이다. 게다가, 식물과 동물들의 상호작용들은 대기 속에서 이산화탄소와 산소의 균형을 유지하는데 도움을 준다. 식물들과 동물들은 또한 물을 방출한다. 이것은 물 순환의 중요한 부분이다.

패턴과 어휘

- carbon dioxide   이산화탄소
- die out   멸종하다
- give off + 명사   방출하다, 발산하다
- golden eagle   검독수리
- great horned owl   수리부엉이
- habitat   서식지
- interdependent   상호의존적인
- neighborhood   이웃지역, 인접구역
- niche   벽감, 틈새, 따로 존재할 수 있는 공간
- open field   탁 트인 들판
- population   개체수, 개체
- resident   거주자
- soar   높이 뜨다, 솟다
- spot + 명사   ~을 발견하다

088 Just let bygones be bygones
언제까지 안고 살건데?

The 50th Law | Robert Greene

By nature we are emotional creatures. It is how we primarily react to events; ❶ only afterwards are we able to see that such emotional responses can be destructive and need to be reined in. You cannot repress this part of human nature, ❷ nor should you ever try. It is like a flood that will overwhelm you ❸ all the more for your attempts to dam it up. What you want is ❹ for these endless emotions that assail you during the day to wash over you, to never hold on to one single emotion for very long. You are able to let go of any kind of obsessive feeling. If someone says something that bothers you, you find a way to move quickly past the feeling—either to excuse what they said, to make it less important, or to forget.

Forgetting is a skill that you must develop in order to have emotional flow. If you cannot help but feel anger or disgust in the moment, make it a point to not let it remain the following day. When you hold on to emotions like that,

패턴과 어휘

- assail + 명사   괴롭히다, 공격하다
- by nature   본질적인, 본질적으로
- cannot help but + 동사원형
  ~할 수 밖에 없다
- dam it up   그것을 막아내다, 억누르다
- excuse + 명사   ~을 용서하다
- hold on to + 명사
  ~에 집착하다, ~을 붙들고 있다
- let go of   ~을 놓아주다
- make it a point to 동사원형
  ~하는 습관을 들이다
- move past + 명사
  ~을 통과해가다, 스쳐 지나치다
- obsessive   강박적인
- overwhelm + 명사   ~을 압도하다
- primarily   우선적으로, 일차적으로
- rein in + 명사   고삐를 잡아당겨 세우다
- repress + 명사   억누르다
- wash over + 명사   적시다, 받아들이다

본질적으로 우리는 감정적 피조물이다. 그것이 우리가 일차적으로 사건들에 반응하는 방식이다. 그런 후에야 우리는 이러한 감정적인 반응들이 파괴적일 수 있으며 통제될 필요가 있다는 것을 알아챈다. 당신은 인간 본성의 이러한 (감정적인) 부분을 억압할 수도 없고, 그러려고 애써야 하는 것도 아니다. 그것(감정적인 반응)은 그것을 막아내려는 당신의 시도에 대해 더욱 당신을 압도할 홍수와 같다. 당신이 원하는 것은, 낮 동안 당신을 공격하는 이러한 끝없는 감정이 당신을 휩쓸고 지나가는 것, 즉 아주 오랫동안 단 하나의 감정에 매달려 있지 않는 것이다. 당신은 어떤 종류의 강박적인 기분도 흘려보낼 수 있다. 만일 누군가가 당신을 괴롭히는 어떤 것을 말한다면, 그들이 말한 것을 용서하던가, 그것을 덜 중요하게 하던가, 혹은 잊던가 해서, 당신은 그 기분을 빠르게 떨칠 방법을 찾는다.

　망각한다는 것은 당신이 정서적 흐름을 갖기 위해서 발전시켜야 하는 기술이다. 만일 어떤 순간에 당신이 분노나 혐오감을 느낄 수밖에 없다면, 그 다음날도 그것이 남아있지 않도록 하는 것을 규칙으로 삼아라. 당신이 그런 감정에 집착

구조 해설

① only afterwards are we able to see : only + 부사 + 의문문 어순 도치

② nor should you ever try : nor + 의문문 어순 도치

③ all the more for : 비교급이 than 을 호응하지 않고 for, because, because of 등을 호응하면 비교급 앞에 정관사 the 혹은 그것을 강조하는 so much 나, all the 를 붙여서 사용한다.

④ for these endless emotions that assail you during the day to wash over you : 앞의 동사 is 의 주격보어에 해당하는 부정사 앞에 의미상 주어로서 for + 명사를 받고 다시 그 명사 뒤에서 관계사절이 붙어서 길게 수식하고 있다.

088

Just let bygones be bygones
언제까지 안고 살건데?

The 50th Law | Robert Greene

it is as if you put blinders on your eyes. For that amount of time, you see and feel only what this emotion dictates, falling behind events. Your mind stops on feelings of failure, disappointment, and mistrust, giving you that awkwardness of someone out of tune with the moment. Without realizing it, all of your strategies become infected by these feelings, pushing you off course.

패턴과 어휘

- dictate   지시하다, 명령하다, 구술시키다   - out of tune with   ~와 조화되지 않는

한다면, 그것은 당신이 눈에 가리개를 씌우는 것과 같다. 그런 시간의 양만큼, 당신은 이 감정이 명령하는 것만 보고 느끼며, 벌어지는 일들에 뒤쳐진다. 그 순간에 맞지 않는(그 순간에는 존재하지 않는) 누군가에 대한 거북함을 주면서, 당신의 마음은 실패, 실망과 불신의 마음에 계속 머물게 된다. 이것을 깨닫지 못한 채로, 당신의 모든 전략은, 당신을 정상궤도에서 밀어내면서, 이러한 기분에 오염된다.

089

When it feels good or when I think it is good
생각이냐, 느낌이냐

Honoring Diverse Teaching Styles | Edward Pajak

Technology has given us a concept and term that was not available in Jung's time—information processing. It may be meaningful today, therefore, to consider thinking and feeling as two distinct ❶ **ways that we process information** about the world that we perceive through the sensing and intuiting functions.

Again, all of us rely on both thinking and feeling to make sense of reality. But we differ in ❷ **the degree to which we depend on one function or the other**. Some people make a decision about buying a new car primarily on the basis of considerations like cost and consumer ratings (thinking), while others are more strongly influenced by preferences for styling and color, or consideration of the vehicle's impact on the environment (feeling). People who favor thinking over feeling when making judgments about the reality they perceive prefer using evidence, analysis, and logic. They are more concerned with being rational than with empathy, emotions, and values. Thinking types communicate in an orderly and linear manner, emphasizing if-then and cause-effect linkages. On the other hand, those who prefer using feeling to guide their judgments do so on the basis of

---

패턴과 어휘

- cause-effect linkage 인과 연관성
- intuit 직감하다
- linear 직선적인
- make sense of 이해하다
- orderly 질서있는, 잘 정돈된, 명령을 내리는

기술은 융(구스타프 칼 융으로 사료됨)의 시대에 사용 가능하지 않았던 개념과 용어 즉 정보처리 라는 것을 우리에게 주었다. 그러므로, 우리가 감각 기능과 직관 기능을 통해 인지하는 세계에 대하여 **정보를 처리하는 두 가지 뚜렷한 방식**들로서 생각하는 것과 느끼는 것을 고려한다는 것은, 오늘날 의미 있을 수도 있다.

다시 말하면, 우리 모두는 현실을 이해하기 위하여 생각하는 것과 느끼는 것 둘 다에 의존한다. 그러나 우리는 **각각의 두 기능에 의존하는 정도에 있어서** 차이가 난다. (생각 혹은 느낌에 의존하는 비중이 사람마다 다르다). 어떤 사람들은 가격이나 고객 평가(생각)와 같은 고려사항들에 주로 근거해서 새로운 차를 사는 것에 대해 결정한다. 반면에 다른 이들은 스타일이나 색상에 의한 선호도에 의해, 혹은 자동차가 환경에 주는 영향(느낌)을 고려하면서 더 강하게 영향을 받는다. 그들이 인지하는 현실에 대한 판단을 할 때 느낌보다 생각을 선호하는 사람들은 증거와 분석, 그리고 논리를 사용하는 것을 선택한다. 그들은 공감, 감정, 가치보다는 합리적이 되는 것에 더 관심이 있다. "생각하는 류" 의 사람들은, '만일-그렇다면' 즉 인과관계를 강조하면서, 논리적이고 직선적인 방식으로 소통한다. 반면에, 판단을 인도하기 위해 느낌을 사용하는 것을 선택하는 사람들

구조 해설

❶ ways that we process information : 관계부사 that 이 유도하는 관계사절

❷ the degree to which we depend on one function or the other : degree 가 선행사가 되면 to which 를 수반하는 관계사절이 자주 사용된다.

089

When it feels good or when I think it is good
생각이냐, 느낌이냐

Honoring Diverse Teaching Styles | Edward Pajak

empathy, warmth, personal convictions, and a consistent value system that underlies all their decision processes. They are more interested in people, emotions, aesthetics, and harmony than with logic, analysis, or attaining impersonal goals. Feeling people communicate by expressing personal likes and dislikes as well as feelings about what is good versus bad, or right versus wrong.

패턴과 어휘

- impersonal   비인간적인, 비인격적인, 개인과 상관없는

은 그들의 결정 과정에 기저가 되는 공감, 온기, 개인적 확신, 그리고 일관된 가치체계를 근거로 하여 그렇게 한다. 그들은 논리, 분석, 비인간적인 목표를 성취하는 것 보다는 사람들, 감정, 미학과 조화에 더 관심이 있다. "느끼는 류"의 사람들은 좋은 것과 나쁜 것은 무엇인가, 옳은 것과 잘못된 것은 무엇인가에 대한 감정뿐 아니라 개인적인 호, 불호를 표현함으로써 의사소통한다.

090

Oh, it didn't feel that troublesome
세대 간의 말싸움, 나쁜 것 만은 아닙니다

Nurture shock | Po Bronson

Dr. Tabitha Holmes studied over fifty sets of mothers and their teen daughters. Her sample was drawn from families in a program called Upward Bound, funded by the U.S. Department of Education ❶ **to give high-schoolers from low income families a chance at attending college**. The mothers had aspirations for their daughters and were quite protective of them—often by demanding obedience. Holmes did extensive interviews asking both mother and daughter, separately, to describe their arguments and how they felt about them. And there was a big difference. Holmes found that 46% of the mothers rated their arguments as being destructive to the relationship. Being challenged was stressful, chaotic, and (in their perception) disrespectful. ❷ **The more frequently they fought, and the more intense the fights were, the more the mom rated the fighting as harmful**. But only 23% of the daughters felt that their arguments were destructive. ❸ **Far more** believed that fighting strengthened their relationship with their mother. "Their perception of the fighting was really sophisticated, far more than we anticipated for teenagers," noted Holmes. "They saw fighting as a way to see their parents in a new way, as a result of ❹ **hearing their mother's point of view be articulated**."

패턴과 어휘

- articulate + 명사　명료하게 표현하다
- be protective of　~에 대해 보호적이다
- obedience　복종
- rate A as B　A를 B로 평가하다
- sample was brawn from　표본이 ~로부터 추출되었다
- sophisticated　세련된
- strengthen + 명사　강화하다

Tabitha Holmes박사는 어머니와 그녀들의 십대 딸 50쌍 이상을 연구 했다. 저소득층 가정 출신의 고등학생들에게 대학교에 진학할 수 있는 기회를 주기 위하여 미국 교육부에 의하여 기금이 보조되는, Upward Bound라고 불리는 프로그램에 참가한 가족들 가운데서 Holmes 박사의 표본이 추려졌다. 어머니들은 딸들에게 소망이 있었고 종종 복종을 요구함으로써 딸들에게 상당히 보호적이었다. Holmes는 어머니와 딸들에게 개별적으로, 그들의 언쟁과 언쟁들에 대한 느낌을 묘사할 것을 요청하면서, 광범위한 인터뷰를 했다. 그 결과 (어머니와 딸들의 의견 사이에) 큰 차이가 있었다. Holmes는 어머니의 46%가 그들의 언쟁이 모녀 관계에 파괴적인 것으로 평가했다. 이의제기 당하는 것은 스트레스 받는 것이었으며, 혼란스럽고, (그들의 느낌으로는) 무례한 일이었다. 그들이 더 자주 싸울수록, 그리고 그 싸움이 격렬할수록, 어머니는 싸움을 해롭다고 더 많이 평가했다. 그러나 딸들의 23%만이 그들의 언쟁이 파괴적이라고 생각했다. 훨씬 더 많은 딸들은 언쟁이 어머니와의 관계를 돈독히 한다고 믿었다. "딸들의 싸움에 대한 인식은 정말로 세련되어 있는데, 우리가 십대들에게 기대하는 것보다 훨씬 더 세련되어 있다."라고 Holmes는 언급한다. "그들은 어머니의 관점이 분명하게 표현되어지는 것을 듣는 것의 결과로서, 싸움을 그들의 부모님들을 새로운 방식으로 바라볼 수 있는 한 방법으로 보았다."

구조 해설

① to give high-schoolers from low income families a chance at attending college : give 가 각각 두 개의 목적어를 받았다. 직접목적어는 a chance 이다.

② The more frequently they fought, and the more intense the fights were, the more the mom rated the fighting as harmful : the 비교급, the 비교급 구조에 의한 비례절

③ Far more : Far more daughters 의 대명사로서 주어로 사용되었다.

④ hearing their mother's point of view be articulated : hear + 목적어 + 원형부정사 구조이며 원형부정사가 수동태이므로 be pp 형태를 가졌다.

091

Can it be reinforced when we fail?
지던 이기던 일단 해보시라구요

Even Happier | Tal Ben-Shahar

In their work on self-esteem, Richard Bednar and Scott Peterson point out that the very experience of coping—risking failure—increases our self-confidence. If we avoid hardships and challenges because we may fail, the message we are sending ourselves is that we are unable to deal with difficulty—in this case, unable to handle failure—and our self-esteem suffers as a result. But if we ❶ **do challenge ourselves**, the message we are sending ourselves, the message we internalize, is that we are resilient enough to handle potential failure. Taking on challenges instead of avoiding them has a greater long-term effect on our self-esteem than winning or losing, failing or succeeding.

Paradoxically, our overall self-confidence and our belief in our own ability to deal with setbacks may be reinforced when we fail, because we realize that the beast we had always feared—failure—is not as terrifying as we thought it was. Like the Wizard of Oz, who turns out to be much less frightening when he comes out from behind the curtain, failure turns out to be far less threatening when confronted directly. The pain ❷ **associated with the fear of failure** is usually more intense than the pain following an actual failure.

패턴과 어휘

- be resilient   탄력적이다
- internalize + 명사   내재화하다
- risk + 목적어   ~을 무릅쓰다
- self esteem   자긍심
- setback   차질
- work on   ~에 대한 연구, 작업

자긍심에 대한 그들의 연구에서, Richard Bednar과 Scott Peterson은 실패를 무릅쓰는 바로 그런 대처의 경험이 자신감을 고취시킨다고 지적한다. 만일 우리가 실패할지도 모른다는 이유로 곤경이나 도전을 피한다면, 우리가 자신에게 보내고 있는 메시지는 우리가 어려움에 대처할 수 없다는 것, 즉 이러한 경우에 실패를 다룰 수 없다는 것이며, 우리의 자존심은 그 결과 고통을 받는다. 그러나 만일 우리가 우리 자신에게 **정말로 도전한다면**, 스스로에게 보내는 메시지, 즉 우리가 내면화시키는 메시지는, 우리가 잠재적인 실패를 다룰 만큼 충분히 회복력이 있다는 것이다. 도전을 피하는 대신에 받아들이는 것은, 이기거나 지거나 실패하거나 성공하는 것보다, 우리의 자존심에 훨씬 더 장기적인 영향을 미친다.

역설적으로, 우리의 자신에 대한 전반적 신뢰와 장애물들을 다루는 우리 자신의 능력에 대한 믿음은 우리가 실패할 때 오히려 강화될지도 모른다. 왜냐하면 우리가 언제나 두려워해왔던 짐승, 즉 실패가 생각했던 것만큼 두렵지 않다는 것을 깨닫기 때문이다. 커튼 뒤에서 나왔을 때 훨씬 덜 무서운 것으로 입증되었던 오즈의 마법사처럼, 실패는 직접적으로 대면하면 훨씬 덜 두려운 것으로 드러난다. **실패에 대한 두려움과 관련된** 고통은 보통 실제 실패에 뒤따라오는 고통보다 더 강렬하다.

· 오즈의 마법사 (The Wizard of Oz) : 1900년 Frank Baum 의 원작소설을 1939년 미국에서 영화로 만들었다. Oz 라는 마법사에 대한 두려움을 가진 Kansas 주 Dorothy 라는 소녀의 동화적 모험이야기

구조 해설

① do challenge : 동사를 강조하는 용법 do, does, did + 동사원형
② associated with the fear of failure : 동사의 과거형이 아니라 과거분사형 후치수식

092 Creativity doesn't matter for evolution
진화는 창의를 필요로 하지 않는다

The Best American Science and Nature Writing 2010 | Freeman Dyson

Creativity is the capacity to develop significant and valuable novelty. This seems ❶ **the most difficult capacity of all for evolution to evolve**, and for good reason. ❷ **Significant and valuable by what criteria**? Human creativity matters for human beings. But creativity hardly matters for evolution. Single-celled organisms reproduce themselves readily, and life can go on—did go on, for billions of years on Earth—with barely more complexity. Life persists through reproduction, through transmitting accumulated complexity to subsequent generations. If inherited design were radically changed each time an organism reproduced, ❸ **the hard-won gains** of natural selection would rapidly be lost. Life can evolve new possibilities only slowly, through variations small enough not to threaten existing evolved functions, accreting functional novelty ❹ **generation by generation** from minor and undirected variation. But although evolution has thereby spawned many new species and even major new forms of life, it does not ❺ **need or aim for** creativity.

패턴과 어휘

- accrete + 명사   흡수하다, 흡수해서 커지다
- complexity   복잡함, 정교함
- generation   세대, 대, 자손
- inherit   물려주다
- matter   문제가 되다, 중요하다
- novelty   새로움, 참신함
- spawn + 명사   양서류 등이 알을 낳다
- subsequent   뒤에 이어지는
- undirected   임의적인, 지시가 없는

창의성은 의미심장하고 가치 있는 참신함을 발전시키는 능력이다. 창의성은 진화가 더 발전하기 위해, 그리고 합당한 이유로 인해, 모든 능력 중에 가장 어려운 능력으로 보인다. 어떤 척도에 의하여 창의성이 의미심장하고 가치 있는 것인가? 인간의 창의성은 인간을 위해 중요하다. 그러나 창의성은 진화를 위해서는 거의 중요하지 않다. 단세포 유기체들은 그들 자신을 손쉽게 번식시킨다. 그래도 생명은 계속 될 수 있고, 실제로 거의 더 복잡하게 되지 않은 채로 수십억 년 동안 계속되었다. 생명은 번식을 통해, 즉 축적된 복잡성을 다음 세대들에게로 전달하는 것을 통해 계속된다. 만일 물려받은 설계가 한 유기체가 번식할 때마다 급진적으로 변한다면, 자연선택으로 어렵게 얻은 것들이 급속하게 손실될 것이다. 생명은, 현존하는 진화된 기능들을 위협하지 않을 정도로 충분히 작은 변화들을 통하여, 사소하고 임의적인 변화로부터 세대마다 기능적인 참신함을 흡수하면서, 단지 느리게 새로운 가능성들을 발전시킬 수 있다. 그러나 비록 진화가 그렇게 함으로써 많은 새로운 종들과 훨씬 주요한 새로운 생명 형태를 낳는다 할지라도, 그것은 창의성을 필요로 하거나 목표로 하지 않는다.

구조 해설

① the most difficult capacity of all for evolution to evolve : 최상급 + of all 구조 뒤에서 부정사의 의미상 주어와 부정사는 '~하기 위해서' 라는 목적적 해석이 적합함

② Significant and valuable by what criteria : By what criteria is the novelty significant and valuable? 이라는 의문문 구조를 단순화 시킨 것

③ the hard-won gains : 부사 - pp 구조의 분사수식어로, '~하게 ~된' 이라고 해석함

④ generation by generation : 부사적으로 사용되었음

⑤ need or aim for : 등위접속사 or 가 연결하는 두 동사

093

Your identity as important as Bourn's
제이슨 본이 목숨걸고 찾고 싶었던 정체성

Intercultural Communication | Larry A. Samovar

Today, all of us are living in an especially dynamic era of social transformation—the old is being transformed by the new more rapidly than ever before. Globalization is exerting enormous social, political, and economic pressures on the existing nation—state geopolitical order. Institutions have fostered an environment where electronic labor, capital, and media content flow nearly seamlessly across national borders. Seemingly endless waves of immigrants are leaving their homelands to search for greater economic opportunity and personal freedom in other countries. International political and economic integration in the form of alliances and trade agreements have become common necessities. Multinational corporations are evolving into transnational organizations. ❶ **Taken in aggregate**, the continually changing social conditions arising from these forces create a powerful milieu influencing the construction and maintenance of one's self-identity. In fact, a frequently voiced critique of globalization is ❷ **the concern that** other nations and cultures will ultimately become mere homogenized representations of Western capitalism, forfeiting much of the uniqueness represented by their national and cultural identities. Therefore, it becomes both important and necessary to understand the role of identity and how culture works in forming and preserving your identity.

오늘날, 우리 모두는 사회적 변화라는 특별히 역동적인 시대에 살고 있는데, 오래 된 것은 새로운 것에 의해 이전 어느 때보다 빠르게 변형되고 있는 중이다. 세계화는 현존하는 국가, 혹은 주에 기반한 지정학적 질서에, 거대한 사회적, 정치적, 경제적인 압박을 가하고 있다. 기관들은 전자노동, 자본, 그리고 매체의 내용물이 국경을 넘어서 아주 매끄럽게 흐르는 환경을 육성했다. 타국에서 더 나은 경제적인 기회나 개인적인 자유를 찾기 위해 겉보기에 끝없는 이주자의 물결이 자신들의 고국을 떠난다. 동맹의 형태로 된 국제정치경제적인 통합과 무역협정들은 공통적인 필수사항들이 되었다. 다국적 기업들은 초국가적 조직들로 진화하는 중이다. 총체적으로 보자면, 이러한 힘들로부터 발생하여 계속적으로 변화하는 사회적 조건들은 자신의 정체성의 정립과 유지에 영향을 미치는 강력한 환경을 만든다. 사실상, 세계화에 대해 빈번하게 표출되는 비판은 각각의 나라들과 문화들이, 국가정체성과 문화정체성에 의해 대표되는 개성의 상당부분을 몰수당한 채, 궁극적으로 서구 자본주의의 균질화된 표현이 될 수도 있다는 걱정이다. 그러므로, 정체성의 역할에 대해 이해하고 당신의 정체성을 형성하고 보존하는데 있어서 문화가 어떻게 작용하는지 이해하는 것은 중요하기도 하고 필수적이기도 하다.

패턴과 어휘

- alliance 동맹
- aggregate 합계, 종합하다
- exert +명사 ~을 발휘하다
- foster + 명사 양육하다, 기르다
- forfeit + 명사 ~를 빼앗기다
- geopolitical order 지정학적 질서
- homogenize 균질화하다, 같은 성질로 만들다
- integration 통합
- milieu 환경
- seam 봉합하다, 실로 꿰매다, 봉합선, 재봉선
- seamlessly 이음매없이, 상처없이, 매끄럽게

구조 해설

1. Taken in aggregate : 종합적으로 받아들여진다면(분사구문)
2. the concern that : 동격의 명사절

094 Individual rights VS Community norm
사회적 규범과 개인 권리의 충돌

Ethical Leadership and Decision Making in Education
| Joan Poliner Shapiro

In this chapter, dilemmas are presented that focus on community standards. Frequently, in these cases, the standards of the community are pitted against individual rights. In reading and discussing the dilemmas, we expect that the reader must begin to grapple with the differing views of ethics in demographically shifting communities.

One of the paradoxes which American society faces is ❶ **that of individual rights versus community standards**. This dichotomy emanates from individuals' desires to be unique, independent, and hold a strong self-identity. Yet, at the same time, people seek interdependence by developing strong human and symbolic relationships (Purpel, 1989, 2004). This need for a group identity compels communities to develop their own identities, ultimately creating community standards. However, moral dilemmas may arise when community standards conflict with individual rights.

패턴과 어휘

- arise 발생하다, 생기다
- be pitted against ~와 대결하다, 격돌하다
- compel + 명사 + to VR ~에게 ~할 것을 강요하다
- demographically 인구 통계적으로
- dichotomy 양분, 이분
- dilemma 진퇴양난의 문제
- emanate from ~에서 나오다
- grapple with ~를 붙잡고 싸우다, 고심하다

이 장에서는, 사회적 규범에 초점을 맞춘 딜레마들이 제시된다. 이러한 경우들에서는, 사회의 규범이 개인적 권리들과 빈번하게 대립한다. 그런 딜레마들을 읽거나 토론하는데 있어서, 우리는 독자들이 인구통계학적으로 변화하는 사회에서 달라지는 윤리적 견해들에 대해 고심하기 시작해야 한다고 기대한다.

미국 사회가 대면하는 모순들 중의 하나는 **사회 규범 대 개인적인 권리의 모순이다.** 이러한 이분법은, 독특해지고 독립적이 되며 강한 자기 정체성을 갖고자 하는 개인들의 욕망으로부터 나온다. 그러나, 동시에 사람들은 강력한 인간적이고 상징적인 관계를 발전시킴으로써 상호의존성을 추구한다. 이러한 집단 정체성에 대한 필요성은 사회들이, 궁극적으로 사회적 표준을 만들면서, 사회 자체의 정체성을 발전시키게 강제한다. 그러나, 사회적 표준이 개인적인 권리들과 갈등을 일으킬 때, 도덕적인 딜레마들이 나타날 수 있다.

구조 해설

❶ that of individual rights versus community standards : that 은 paradox 의 대명사

095

Why a good piece of advice fails
올바른 충고의 자세

The Pursuit of Perfect | Tal Ben-Shahar

Robyn Dawes, in his book House of Cards, draws on the substantial research in the area of therapy to illustrate how the efficacy of a therapist, once she has the basic skills and knowledge, is not determined by the number or type of degrees ❶ **she has earned** but by the degree of empathy that she has. Empathy allows us to put ourselves in the other person's shoes and to understand what the person truly needs. I am more likely to be empathetic to the person before me when I am truly listening to him without being distracted by thoughts about how to advise him. The foundation of effective therapy is not only intellectual sophistication and knowledge but the ability to accept and to empathize.

While coming up with solutions to a friend's problems may make us feel helpful and competent, it often has the opposite effect on the friend. First, offering solutions creates distance between two people: one person ❷ **is in the know** (above), the other is in trouble (below). Second, the person being helped feels inadequate, especially when he is already feeling weak. When we offer solutions, regardless

패턴과 어휘

- come up with	~을 얻어내다, 생각해내다	- illustrate	자세히 보여주다
- draw on	~을 이용하다	- inadequate	불충분한, 부적절한
- efficacy	능력, 효험	- research	연구, 조사, 탐구
- empathy	공감	- substantial	실질적인

Robyn Dawes는 그의 저서인 House of Cards에서, 일단 치료사가 기본적인 기술과 지식만 있으면, 어떻게 그 치료사의 효험이 **치료사가 획득했던** 학위의 종류나 수에 의해 결정되지 않고 그 치료사가 가지고 있는 공감의 정도에 따라 결정되는지를 보여주기 위해, 치료의 영역에서 실질적인 연구를 활용했다. 공감은 우리가 우리 자신을 다른 사람의 입장에 처해보게 하며 그 사람이 정말로 필요한 것을 이해하게 한다. 상대방에게 충고하는 방법에 대한 생각에 의해 흐트러지지 않고 정말로 그 사람의 말을 경청만하기만 할 때, 나는 내 앞에 있는 사람에게 더 공감을 느끼는 것 같다. 효과적인 치료의 근본은 지적인 세련됨과 지식뿐 아니라 받아들이고 공감하는 능력이다.

친구의 문제에 대한 해결책을 생각해내는 것은 우리를 도움을 줄 수 있고 능력있는 사람이라고 느끼게 만드는 반면에, 그것은 종종 그 친구에 대해서는 반대의 효과를 낸다. 우선, 해결책을 제시하는 것은 두 사람 사이에 거리를 만든다. 한 사람은 (위에서)**알고 있는 것이며**, 다른 사람은 (아래서)곤경에 처해 있는 것이다. 둘째로, 특히 자신이 이미 약하다고 느낄 때, 도움을 받게 되는 그 사람은 자신이 무능하다고 느낀다. 우리가 우리 의도와 무관하게 해결책을 제안할 때, 그

구조 해설

① she has earned : 관계사절

② is in the know : 명사로 사용된 know. → '아는 입장에 있다'

095 Why a good piece of advice fails
올바른 충고의 자세

The Pursuit of Perfect | Tal Ben-Shahar

of our intentions, the message often comes across as condescending and paternalistic.

But when we embrace and accept, we communicate a different set of messages. First, and most importantly, we are telling the person, "I am with you. I care about you, and you can count on me." Second, we are telling him, "I trust you. You are smart enough and competent enough to get through this."

When the mode is one of acceptance, even though it is clear that one person is helping and the other is being helped, the latter is more likely to feel understood and empowered. It is not always easy to refrain from giving advice, especially when we are with people we care about, but advice is not always ❶ **the best thing we have to offer**. Usually, simply being there is sufficient.

패턴과 어휘

- come across as ~로 이해되다, 통하다, 여겨지다
- condescending 거들먹거리는
- empower + 명사 힘을 실어주다
- get through 헤쳐나가다
- paternalistic 가부장적인
- refrain from ~을 삼가다
- sufficient 충분한
- the latter 후자

메시지는 보통 거들먹거리며 가부장적(권위적임을 의미)인 것으로 다가온다.
  그러나 우리가 포용하고 받아들일 때, 우리는 다른 내용의 메시지를 전달하게 된다. 우선적이면서 가장 중요한 것은 우리는 그 사람에게 "내가 당신과 함께 있다. 나는 당신에게 마음을 쏟다. 그리고 당신은 나를 의지해도 좋다."라고 말하는 것이다. 두 번째는, 우리가 그 사람에게 "나는 당신을 신뢰한다. 당신은 이것을 헤쳐 나갈 만큼 충분히 똑똑하고 충분히 능력이 있다."라고 말하는 것이다.
  그 분위기가 수동적 태도일 때, 한 사람이 도와주고 다른 사람이 도움을 받는 것이 명백할지라도, 후자(도움을 받는 사람)는 이해 받고 있으며 권한을 부여 받고 있다고 느낄 가능성이 더 크다. 특히 우리가 걱정하는 사람과 함께 있을 때에, 충고를 억제하는 것이 언제나 쉬운 일은 아니지만, 충고는 언제나 **우리가 제공할 최선의 것**은 아니다. 보통은, 단지 거기에 있어주는 것으로 충분하다.

구조 해설

❶ the best thing we have to offer : 앞의 the best thing 은 관계사절 내에서 have 의 목적어도 될 수 있고, offer 의 목적어도 될 수 있다.

096 Capsaicin only in hot climate?
향신료 섭취는 기후와 관계가 있을까

Why Do People In Hot Climates Eat Hot Peppers and
How Does Eating Spicy Food Help You Feel Cooler?

There is not a perfect correlation between the amount of hot foods eaten and the warmth of the climate. In Honduras, for example, hot pepper is not a major part of the cuisine, ❶ **as it is** in nearby Mexico and Thailand. A regional fondness for pepper may simply arise because meat and other foods tend to go bad quickly in a hot climate, so that people tend to use spices and spicy condiments to cover an off taste. This was one traditional explanation for relatively chilly northern Europe's lust to retrieve the spices of the Orient in the days before refrigeration. As for direct physiological effects that might be beneficial in a hot climate, it's hard to say, but one effect of both peppers and peppercorns is the stimulation of gastric juices, saliva and mucus flow. This could improve an appetite depressed by the heat. Some medical authorities have suggested that hot spices might act as an antibiotic, but such claims have not been scientifically substantiated. The active hot ingredient in peppers, ❷ **a substance** called capsaicin, can also stimulate the circulation and raise body temperature, so that sweating occurs. This might make people feel cooler as the sweat evaporates.

섭취되는 매운 음식의 양과 기후의 따듯함 사이에 완전한 상관관계는 없다. 예를 들면 Honduras에서는, 가까운 멕시코와 태국에서 그러한 것(매운 고추가 요리의 주요한 부분인 것)과 다르게, 매운 고추가 요리의 주요한 부분이 아니다. 후추에 대한 지역적 선호는 단지 고기와 다른 음식이 뜨거운 기후에서 빠르게 상하는 경향이 있기 때문에 생긴 것 같다. 따라서 사람들은 맛의 변질을 가리기 위해 향신료와 매운 조미료를 사용하는 경향이 있다. 이것은 냉장기술이 없던 시대에 상대적으로 쌀쌀한 북유럽이 동양의 향신료를 구하고자 했던 욕망에 대한 하나의 전통적인 설명이다. 뜨거운 기후에서 유리할만한 직접적인 생리학적 효과에 관해서는, 말하기가 어렵다. 그러나 후추와 말린 후추 열매 둘 다의 한 가지 효과는 위액과 침과 점액 흐름에 대한 자극이다. 이것은 열에 의해 잃은 식욕을 개선시킬 수 있다. 어떤 의학적인 권위자들은 매운 향신료가 항생제 역할을 했을 것이라고 시사했지만, 이러한 주장은 과학적으로 근거가 있는 것은 아니다. 캡사이신이라 불리는 물질로, 후추 (또는 고추) 속에 있는 화학적 효과가 있는 매운 성분은 또한 순환을 자극하고 몸의 온도를 높일 수 있고, 그 결과 땀이 나게 한다. 이것은 땀이 증발함으로써 사람들이 더 시원하게 느끼도록 만든다.

패턴과 어휘

- antibiotic   항생제
- as for   ~에 관하여
- condiment   양념
- correlation   상관관계
- cuisine   요리, 요리법
- evaporate   증발하다
- fondness for   ~에 대한 선호
- gastric juice   위액
- ingredient   성분
- lust to VR   ~하고픈 욕망
- mucus   점액
- off taste   저하된 맛
- refrigeration   냉장
- saliva   타액(침)
- substance   물질
- substantiated   근거있는, 검증된

구조 해설

❶ as it is : 양태절에서 대동사 be 의 긍정적 사용은 앞의 부정절과 대조를 이룬다. 즉, 양태절 이하는 '~이듯이, ~하듯이' 가 되고, 주절은 '~아니다, ~하지 않는다' 가 되어 서로 다른 입장인 것을 보여준다.

❷ a substance called capsaicin : 앞의 명사와 동격

097

Saying I'll give doesn't mean giving
주겠다고 말하는 것, 주겠다고 서명하는 것

Nudge | Richard H. Thaler

In the United States, most states use what is called an explicit consent rule, meaning that people have to take some concrete steps to demonstrate that they want to be donors. It is clear that many people who are willing to
5 donate organs fail to take the necessary steps. A study of Iowa residents by Sheldon Kurtz and Michael Saks confirms the point. "Ninetyseven percent of respondents indicated their general support for transplantation. Sizeable majorities said they were interested in donating their own organs and
10 those of their children (❶ **should the tragic circumstances arise** that would make them eligible)." However, people's stated willingness to become donors did not translate into the necessary action. "Of those who expressed their support, only 43% ❷ **had the box checked** on their driver's license.
15 Of those who stated they personally wanted to donate their organs, only 64% had marked their driver's license and only 36% had signed an organ donor card."

패턴과 어휘

- consent   합의하다, 합의
- demonstrate   증명하다, 시범 보이다
- donate   기증하다
- donor   기증자
- eligible   자격을 갖춘
- explicit   노골적인, 분명한, 명시적인

- sizeable   규모있는, 대단한
- take some concrete steps   구체적 조치를 취하다
- translate into   ~로 옮겨지다
- transplantation   이식

미국에서, 대부분의 주는 소위 명시적 합의 규칙이라는 것을 사용하는데, 그것은 사람들이 기증자가 되기를 원한다는 것을 보여주는 어떤 구체적인 절차들을 밟아야 한다는 것을 의미한다. 장기를 기증하기 원하는 많은 사람들이 필수적인 절차들을 밟지 못 한다는 것은 분명하다. Sheldon Kurtz와 Michael Saks에 의한 Iowa 주민들에 대한 연구는 그 점을 증명한다. "응답자의 97%가 장기 이식에 대한 일반적인 지지를 보여주었다. 상당히 많은 사람들이 (만일 그들을 기증에 적합하게 만들 비극적인 상황이 일어난다면) 자신의 장기와 아이들의 장기를 기증하는 것에 관심이 있다고 말했다." 그러나, 사람들이 말했던 기증자가 되겠다는 의지는 필요한 실천으로 옮겨지지 않았다. "지지를 표명했던 사람들 중에서, 단지 43%가 그들의 운전면허증에 있는 (장기기증)란에 표시가 되게 했다. 그들 스스로 그들의 장기를 기증하기를 원한다고 말했던 사람들 중에서, 64%만이 그들의 면허증에 표시를 했으며 36%만이 장기 기증 카드에 서명했다."

구조 해설

1. should the tragic circumstances arise : if 주어 + should 구조의 가정법에서 if 생략 후 의문문 구조로 도치
2. had the box checked : have + 목적어 + pp 구조의 수동사역

098

The self-justifying historian
기억이 창조하는 사실, 사실이 창조하는 기억

Mistakes Were Made (But Not by Me) | Carol Tavris

The storyteller remembers only the confirming examples of the parent's malevolence and forgets dissonant instances of the parent's good qualities. Over time, as the story hardens, it becomes more difficult to see the whole parent—the mixture of good and bad, strengths and flaws, good intentions and unfortunate blunders.

Memories create our stories, but our stories also create our memories. Once we have a narrative, we shape our memories to fit into it. In a series of experiments, Barbara Tversky and Elizabeth Marsh showed how we "spin the stories of our lives." ❶ **In one**, people read a story about two roommates, each of whom did an annoying thing and a sociable thing. Then they wrote a letter about one of them, either a letter of complaint to a housing authority or a letter of recommendation to a social club. As they wrote, the study participants added elaborations and details to their letters that had not been part of the original story; for example, if they were writing a recommendation, they might add, "Rachel is bubbly." Later, when they were asked to recall the original story as accurately as possible, their memories had become biased in the direction of the letter they had written. They remembered the false details they had added and forgot the dissonant information they had not written about.

이야기를 하는 사람은 언제나 부모님의 악의에 대한 결정적 사례들만 기억하고 부모님의 선한 자질들에 대한 부조화스런 사례들을 잊는다. 시간이 지남에 따라, 그 이야기는 굳어지고, 좋고 나쁨, 강점과 결점 그리고 선한 의도와 불행한 실수의 혼합체인 총체적 부모님을 보는 것은 더 어려워진다.

기억들은 우리의 일화를 창조해내지만, 우리의 일화는 또한 우리의 기억을 창조한다. 일단 우리가 이야기를 가지고 나면, 우리는 기억을 그것에 들어맞게 형성해낸다. 일련의 실험에서 Barbara Tversky와 Elizabeth Marsh는 우리가 어떻게 "우리 삶의 이야기를 지어내는지"를 보여준다. **한 실험에서,** 사람들은 두 룸메이트에 관한 이야기를 읽는다. 그런데 각각 모두가 짜증나게 하는 일과 사교적인 일을 했다. 그 다음 그들은 그것들(짜증나는 일과 사교적인 일) 중 하나에 관한 편지를 썼는데, 주택공사에 관한 불평이거나 사교클럽에 대한 추천서였다. 그들이 (편지를) 쓸 때, 그 연구 참가자들은 그들의 편지에 원래 이야기의 내용이 아닌 구체적 설명들과 세부사항들을 덧붙였다. 예를 들면, 만일 그들이 추천서를 쓰고 있다면, 그들은 "Rachel은 언제나 쾌활해요"라고 덧붙였을지도 모른다. 후에, 그들이 그 원래의 이야기를 가능한 한 자세하게 회상하라고 요청을 받았을 때, 그들의 기억은 그들이 이미 썼던 편지의 방향으로 편향되었다. 그들은 추가했던 거짓 세부사항들을 기억했으며 그들이 쓰지 않았던 거슬리는 정보는 잊었다.

패턴과 어휘

- blunder   실수
- bubbly   상큼하고 명랑한, 방울이 톡톡 터지는 듯한
- dissonant   어울리지 않는, 부조화스런
- elaboration   상세한 설명, 정교하게 만드는 장치, 정교함
- harden   굳어지다, 딱딱해지다
- malevolence   악의
- spin   실을 잣다, 뽑아내다

구조 해설

① In one : in one experiment

099

After I say I am a bla bla
내 직업을 밝히고 나니까

Influence | Robert B. Cialdini

I recently talked with a friend—a faculty member at a well-known eastern university—who provided a telling illustration of how our actions are frequently more influenced by a title than by the nature of the person claiming it. My friend travels quite a bit and often finds himself chatting with strangers in bars, restaurants, and airports. He says that he has learned through much experience never to use his title—professor—during these conversations. When he does, he reports, the tenor of the interaction changes immediately. People who have been spontaneous and interesting conversation partners for the prior half hour become respectful, accepting, and dull. His opinions that earlier might have produced a lively exchange now usually generate extended (and highly grammatical) statements of accord. ❶ **Annoyed and slightly bewildered by the phenomenon**—because, as he says, "I'm still the same guy they've been talking to for the past thirty minutes, right?"—my friend now regularly lies about his occupation in such situations.

패턴과 어휘

- accord   조화
- bewilder + 명사   당황하게 하다
- faculty member   교수진
- occupation   직업
- telling   효과적인, 설득적인
- tenor   취지

나는 최근에 동부의 유명한 대학 교수인 친구와 얘기했는데, 그 친구는 어떻게 우리의 행동이 그 사람이 주장하는 본성에 의해서라기보다는 직함에 의해 더 자주 영향을 받는가에 대한 설득적 일화를 제공했다. 나의 친구는 꽤 많이 여행하며 술집이나 식당이나 공항에서 낯선 사람들과 얘기한다. 그는 많은 경험을 통해 그의 교수라는 직함을 대화중에 절대 사용하지 말아야 한다는 것을 배웠다고 말했다. 그가 그렇게(교수라고) 말할 때, 그가 말하기로는, 상호작용의 취지가 즉시 변했다. 그 전에 30분 동안 자발적이고 흥미로운 대화 상대였던 사람들이 공손하고 수용적이며 지루하게 된다. 그 전에는 활발한 의견교환을 만들어 냈었던 그의 의견은 이제는 보통 장황한 (그리고 매우 문법적인)조화를 이루는 말들을 양산한다. 그가 말하듯이 "나는 여전히 그들이 지난 삼십 분 동안 대화하던 그 동일한 사람입니다, 그렇지요?"라는 이유로, **그 현상에 화도 나고 조금은** 당황해서, 내 친구는 이제 이러한 상황에서 그의 직업에 관해 자주 거짓말을 한다.

구조 해설

❶ Annoyed and slightly bewildered by the phenomenon : 수동분사구문

100

Mr or Ms no name is a coward
익명을 즐긴다면 그대는 비겁한 범죄자

The Best American Nonrequired Reading 2007
| Dave Eggers

The recent taint in the honor of Wikipedia stems from the extreme ease with which anonymous declarations can be put into a highly visible public record. Communities infected with anonymity will either collapse or shift the anonymous to the pseudo-anonymous, as on eBay, where you have a traceable identity behind an invented nickname. Or voting, where you can authenticate an identity without tagging it to a vote. Anonymity is like a rare-earth metal. These elements are a necessary ingredient in keeping a cell alive, but the amount needed is a mere hard-to-measure trace. In larger doses, these heavy metals are some of the most toxic substances known. ❶ **They kill**. Anonymity is the same. As a trace element in vanishingly small doses, it's good for the system by enabling the occasional whistleblower or persecuted fringe. But if anonymity is present in any significant quantity, it will poison the system. There's a dangerous idea circulating ❷ **that the option of anonymity should always be at hand, and that it is a noble** antidote

패턴과 어휘

- anonymity	익명	- persecute	박해하다
- anonymous	익명의	- poison	독, 중독시키다
- antidote	해독제, 대책	- pseudo	가짜의, 허위의
- authenticate	진짜임을 증명하다	- rare-earth metal	희토류 금속
- dose	복용	- shift	전환하다, 바꾸다
- fringe	주변, 분파	- stem from	~로부터 나오다, 유래되다
		- taint	오점, 얼룩, 오명, 치욕

Wikipedia의 영예 가운데 최근의 오점은 익명의 진술이 매우 가시적인 대중적 기록으로 남겨지기 아주 쉽다는 점에서 비롯된다. 익명성에 의해 감염된 사회들은 붕괴되거나 익명의 사람들을 eBay에서처럼 가짜 익명의 사람들로 전환하는데, eBay에서 당신은 지어낸 별명 뒤에 추적 가능한 신원을 가진다. 아니면 투표를 하면서, 기표지에는 신분을 붙이지 않고서 당신은 진짜 신분을 가질 수도 있다. 익명성은 희토류 금속과 같다. 이 원소들은 세포가 계속 살아 있도록 하는데 필요한 요소이지만, 필요한 양은 측정하기 어려울 만큼의 소량에 불과하다. 그 양이 조금 많으면, 이 중금속들은 지금까지 알려진 것들 중 가장 유독한 물질이 된다. 이 중금속은 목숨을 빼앗는다. 익명도 이와 같다. 사라질만큼 아주 적은 미량의 원소로써, 익명은 가끔 내부 고발자나 박해받는 비 주류파에게 기회를 주기 때문에 체제에 유익하다. 그러나 익명이 상당한 양으로 나타나면, 익명은 체제를 중독시킬 것이다. '익명의 채택은 언제나 쉬워야 하며, 익명을 보장하는 것이 통제 기술에 대한 고결한 해결책'이라고 여기는 위험한 생각이 있다.

구조 해설

1. They kill : 타동사의 목적어가 생략되었으므로 행위중심으로 해석할 것
2. that the option of anonymity should always be at hand, and that it is a noble antidote to technologies of control : idea 와 동격의 명사절
3. if only pseudo-anonymously : if only 의 양보적 해석
4. the more trust the better : '~할 수록 ~하다' 구조에서 주어 술어동사의 생략

100

Mr or Ms no name is a coward
익명을 즐긴다면 그대는 비겁한 범죄자

The Best American Nonrequired Reading 2007
| Dave Eggers

to technologies of control. This is like pumping up the levels of heavy metals in your body to make it stronger. Privacy can be won only by trust, and trust requires persistent identity, ❶ **if only pseudo-anonymously**. In the end, ❷ **the more trust the better**. Like all toxins, anonymity should be kept as close to zero as possible.

패턴과 어휘

- persistent   지속적인   - pump up   증강시키다, 강화시키다

이것은 당신 몸을 더 강하게 하려고 체내 중금속량을 늘리는 것과 같다. 개인의 프라이버시는 오직 신뢰에 의해서만 보장될 수 있으며, 이러한 신뢰는 **겉으로 익명을 요구하는 경우라 해도,** 일관된 신원확인을 요구한다. 결국, **신뢰가 더 많이 쌓일수록 더 좋아지는 것이다.** 모든 독소처럼, 익명은 가능한 한 계속해서 제로에 가까워야 한다.

구조 해설

1. if only pseudo-anonymously : if only 의 양보적 해석
2. the more trust the better : '~할 수록 ~하다' 구조에서 주어 술어동사의 생략

김정호 선생님 약력·저서

· 한국 외국어 대학교 본교 영어과 졸업
· EBS 국가대표 강사 위촉 (2010)
· 현) 바른영어훈련소 대표 강사
· 현) 바른영어훈련어학원 죽전 본원 강사
· 전) 이투스 온라인 강사(2년간 매출 1위)
· 전) 미8군 기자
· 전) 비타에듀 온라인 강사(4년간 매출 1위)
· 전) EBS 대 입시 온라인
· 2014년 서울시 9급 공무원 문법 문제 오류 사항 검수(서울시 의뢰)
· 올림픽 미 CBS 방송 공식 통역 및 국제 행사 통번역 다수
· KBS VJ 특공대 출연 : 대한민국 0.0008% 영어 강사로 소개 (2010)
· KBS 9시 뉴스, YTN 뉴스 출연 (2014)
· KBS VJ 특공대 : 대한민국 0.0008% 영어 강사로 소개 (2010)
· 중앙, 경향, 위클리피플 등 특집 기사 보도

💬 Tommy's message

 영어 공부를 비롯한 외국어 공부, 힘들고 지루하고 보람도 없는 것처럼 느껴지기 마련입니다. 정직하게 말해서, 저도 그랬고, 지금도 어느 정도 그러합니다. 한국어의 위상이 커진다면, 어쩌면, 미래 세대는 외국어 공부에 쏟는 시간과 열정을 다른 곳에 보탤 수도 있겠지요. 그럼에도 불구하고, 우리가 만약 이질적인 것에서 얻을지 모르는 스트레스에 주목하지 않고, 우리의 지식지평을 넓혀가는 긍정적 거시안목에 집중한다면, 즉, 우리의 막걸리와 김치찌개도 맛있지만, 잘 구운 버거나, 이탈리안 화덕 피자의 깊은 맛도 음미할 준비가 되어 있다면 우리의 인생은 좀 더 풍요로워질지도 모릅니다. 저는 위키피디아에서, 어떤 인물이나 사건에 대해 다양한 연구 정보를 올려주는 친절한 그들(?)에게 자주, 감사를 느낍니다. 그들은 자기 언어로 최종 결과물을 마음껏 과시하지만, 실제로는, 우리에게 더 없이 귀중한 지식의 무기를 이미 제조해서 공유해 주는 것입니다. 그것을 정확하게 제대로 사용하기 위해서 조금 더 노력해 보는 것, 나쁘지 않은 시간 사용이라고 생각합니다. 졸편서에 보내주시는 관심에 늘 조바심이 납니다. 감사합니다.

from. 타미 김정호 선생님

💬 수 년간 개정에 개정을 거듭하다!
김정호 선생님과 최강의 바른영어훈련소 연구진이 함께 만든 꼼꼼하고, 깐깐한 최고의 교재!

마지막 기초영문법

· 발음 연습부터 기초 문법까지 완전 정복
· 기초부터 시작하는 분들을 위한 적절한 난이도의 예문
· 한국인을 위한 최적의 영어 학습법
· 한국어와 영어의 차이에 기반한 문법 학습
· 독해, 작문, 회화 등 모든 분야에 적용되는 필수 문법
· 타미샘의 완벽한 해설 강의

문법의 신

· 토익, 토플 공무원 고시 고급과정
· 2,680개의 풍부한 예문
· 현존하는 가장 자세한 문법서 중 하나
· 한국어와 영어의 근본적 차이 이해

▶ **YouTube** 영문법 1위!* 600만 조회, 200만 시간 시청!**

YouTube 무료강의
바로가기 QR 코드

*"YouTube 검색창 "영문법" 검색 시 1위 노출 (광고제외) 2020.03.01. 기준 **"YouTube 바른영어훈련소 채널 공식 기록 2020.03.01 기준

본 교양영어 고급지문 강의는 바른영어훈련소에서 수강 가능합니다 [인터넷 강의와 함께 학습 시 효율이 높습니다!]

바른영어훈련소 수능/ 토익/ 공무원/ 원서독해/ 영작문/ 영어회화   www.properenglish.co.kr